疫下浪跡東北

尋覓絕妙秘境

誠意為您準備

疫後重新出發

序

十幾年前開始，一直為親朋同事度身訂造日本旅遊行程。曾經想過，倒不如自己撰寫幾本日本旅遊書吧！然而，因為工作的勞勞累累，出版一事不了了之。

我熱愛日本旅遊，也憧憬在日本生活。於是，我決定提早退休，前往東京創業並計劃留下來生活。在一個新環境由零開始是非常艱苦的事，但奮勇向前是我的座右銘。當我以為一切順利的時候，意料不到一場停不了的新冠疫情堵塞了我的進路。

由於東京疫情是全國之首，而且日趨嚴峻，於是我帶著一個背囊，緊貼疫情的走勢，逃到其他安全的縣府過著流浪的生活，天意安排下重踏日本旅遊之路。以前來日本旅行，短則幾天，長則兩星期，卻沒想過可在九個月內重遊了大半個日本，並見證了疫下旅遊景點、設施的轉變。

2021年夏天，我在和歌山縣的圓月島險些被巨浪捲走；兩個月後，在群馬縣四萬溫泉的森林裡，跟一隻巨熊相遇。前所未有令我窒息的經歷，使我重新思考生存的價值，好應該趁死神還未來帶走我的時候，完成未完的心願。

我決定撰寫我的日本旅遊記事—《符さん日．記》，以 7 個系列記載我在日本全國 47 都道府縣的「真」實遊歷，跟「三個寶貝」和日遊愛好者分享日遊資訊及所見所聞所感。

2022 年．春

第一集～東北篇

我選擇東北作為《符さん日．記》的第一集，原因只為一顆支援的心。

311大地震發生至今已超過11年，每年在2月開始都會在電視上看到很多很多有關311的特備節目，何其傷感！然而，我亦得悉許多災區已努力回復了昔日的面貌，重新出發。

我曾經在東北旅遊時得到過很多快樂，所以很想回饋，給予支持。既然我打算推出全國的《符さん日．記》，那就以東北為先，希望有助振興當地的旅遊業。或許我的能力有限，但我就是有這樣的決定。

特別提示

- 日本沒有G/F(地下)，地下即是1/F(一樓)，本書跟隨日本用法。
- 車站名稱、巴士站名稱及地址等，刻意沿用日文，方便讀者識別。
- 景點設施的開放日期及時間，會因應新冠疫情的走勢隨時作出變更。
- 新冠疫情的影響下，交通方面特別是巴士的班次會大幅減少或停駛，因此本書不會列出交通時間表，但有列明有關官方網站，以供讀者查閱最新安排。
- 新冠疫情的影響下，掀起飲食店、商店、旅館等結業潮，因此本書主要集中記述觀光設施及自然景點。
- 本書所有景點設施的開放日期、時間、收費及車資等，均為撰書時的資訊，日後或會作出調整。

目錄
Contents

山形縣
Yamagata

福島縣
Fukushima

日本海

太平洋

青森縣
Aomori

秋田縣
Akita

岩手縣
Iwate

宮城縣
Miyagi

N

標 誌 涵 義

📍 地址
📞 電話
💲 入場費
🅲 休息
🏠 住宿
🚃 交通
🌐 網址
f Facebook
🐦 Twitter
🕐 開放時間
✂ 餐廳營業時間
🏛 博物館開放時間
🛍 購物中心營業時間

青森縣
Aomori

位於日本本州最北端的青森縣，令人印象最深刻必定是青森蘋果了！青森縣的蘋果無論生產量或品質都是全國第一，遠近馳名。其實，青森縣還有很多日本一的旅遊點，例如位於八戶市全國最大規模的館鼻岸壁朝市、鶴田町的全國最長檜木造三重拱橋——鶴之舞橋等，都是不容錯過的景點。而不老不死溫泉的秘湯，以及十和田湖、奧入瀨溪流、十二湖等秘景，都令我著迷。所以青森縣是我在東北六縣當中，旅遊時間逗留最長的一個縣。

世界一

青り4号

十和田八幡平国立公園
Towada-Hachimantai National Park
十 和 田 湖
Lake Towada

交通

1 JR 東京駅 → JR 新青森駅
（東北新幹線，約 3 小時 20 分鐘，¥17,470（指定席））

2 東京駅八重洲南口・バスタ新宿（南口）→ 青森駅前
（弘南夜行高速巴士，約 10 小時至 10 小時 40 分鐘，¥6,500 起）

3 東京駅八重洲南口 → 青森駅
（JR 東北夜行高速巴士，約 10 小時 30 分鐘，¥7,700 起）

4 上野駅前 → 青森駅前
（弘南夜行・日間高速巴士，約 10 小時 20~50 分鐘，¥4,000 至 ¥9,000）

5 青森空港 → 青森駅前
（JR 東北巴士，約 35 分鐘，¥750）

青森縣觀光情報🌐：https://aomori-tourism.com/

青森市

📍 **Aomori City**

青森市最廣為人知的**青森睡魔祭**，在每年夏季舉行祭典時都成為國內外遊客的焦點。自 2021 年「北海道・北東北的繩文遺跡群」被登錄為世界文化遺產後，三內丸山遺跡受到更多的關注。市內其他景點眾多，主要集中在車站附近，徒步便可到達，遊覽非常方便。

 JR 新青森駅 → JR 青森駅（JR 奥羽本線，約 6 分鐘，¥190）

 https://www.atca.info/

A-FACTORY

匯 集了青森縣內各地人氣美食及商品的 A－FACTORY，一樓展示了各式各樣的食材和產品外，還設有青森蘋果酒工房，可以透過玻璃看到釀造過程，是這市場的特色；二樓則設有餐廳和酒吧。這裡鄰近車站交通便利，也位處海濱旁邊，環境非常舒適，所以頗受歡迎。

📍 青森県青森市柳川 1 丁目 4－2
📞 +81-17-752-1890
🛍 一般 10:00-20:00；
🍴 餐廳 11:00-19:00（星期六延至 20:00）
🅒 年中無休
🌐 https://www.jre-abc.com/wp/afactory/index/
🚉 由 JR「青森」駅東口徒步 1 分鐘。

市場展示的青森縣特產琳瑯滿目，最受歡迎的當然是蘋果酒及蘋果相關的產品。

必食
人氣蘋果批
（￥330）

青森（青森ねぶた祭）
睡魔祭

青森睡魔祭是東北縣最大級的祭典，每年8月2日至8月7日舉行。祭典中有超過20台以上不同傳說人物的大型燈籠山車在市內巡遊，每年都吸引200萬人參與，是國家指定重要無形民族文化遺產。祭典的目的在於農務繁忙期之前的夏季，為了不影響秋收，必須趕走農作業的天敵睡魔的習俗。

2 睡魔之家 WA-RASSE
（ねぶたの家 ワ・ラッセ）

睡魔之家內設有博物館，介紹青森睡魔祭的歷史和特色，並可親身體會祭典時的各項活動，亦有現場演奏及太鼓的擊鼓體驗。館內還展示著數台祭典中出場的大型睡魔燈籠及不同製作風格的睡魔臉。

📍 青森縣青森市安方1丁目1-1
📞 +81-17-752-1311
🏛 5月至8月 9:00-19:00；9月至4月 9:00-18:00
🍴 5月至8月 11:00-20:00；9月至4月 11:00-19:00
🄲 12月31日、1月1日及8月9日至10日
💰 成人 ¥620，小/中學生 ¥260
🌐 http://www.nebuta.jp/warasse/
🚃 由JR「青森」駅東口徒步2分鐘。

紅色外觀的睡魔之家，位置就在 A-FACTORY 對面。

一樓是商店及餐廳，二樓則是博物館入口。

展示的大型燈籠山車全是優秀的得獎作品，手工精巧，令人讚嘆。

睡魔臉製作者的風格各具特色。

觀眾可欣賞現場演奏及擊鼓表演外，也可體驗祭典時「跳人」的舞蹈及節奏等，非常有趣。

館內介紹了睡魔祭的由來及歷史發展，讓訪客彷彿穿越睡魔時光隧道一樣。

3 AUGA 新鮮市場

東北最大級新鮮市場

位於 AUGA 購物中心地庫的新鮮市場，是結集了海鮮、蔬菜、水果、乾貨、日式點心、地酒等各種食材的美食寶庫，被譽為青森市民的廚房。市場每天都有從青森港運來的新鮮海產，因此這裡的海鮮丼極為吸引。

📍 青森県青森市新町 1-3-7 B1F
📞 +81-17-718-0151
🕐 5:00-18:30（各店有異）
Ⓒ 不定休
🌐 http://www.auga.aomori.jp/shinsen.html
🚃 由 JR「青森」駅東口徒步 1 分鐘。

無論海鮮或乾貨的種類都相當豐富。

4 青函連絡船紀念船

「八甲田丸」

「八甲田丸」停泊在青森港口，黃白色的外觀相當奪目。

青函鐵道連絡船於 1908 年開始航運，開啟了連接本州和北海道的重要歷史角色。由於當年未有鐵路由青森到達函館，因此乘客和物流的輸送就必須依靠連絡船的航運。直到 1988 年青函隧道開通為止的 80 年間，連絡船共運送了一億六千萬名乘客和二億五千萬噸的貨物，總航行距離達八千萬公里。

「八甲田丸」號是在 1964 年 8 月 12 日開始航海服務，是五十五艘青函連絡船中航運歷史最長的一艘船，航海時間為 23 年 7 個月，它一直航運到廢除青函連絡船的最後一天，光榮地完成歷史任務。「八甲田丸」號現在仍然停泊在青森港，並公開讓市民及遊客參觀，可深入了解船中的結構和百年來青函連絡船的歷史。

📍 青森県青森市柳川 1 丁目 112 - 15

📞 +81-17-735-8150

🕐 4 月至 10 月（夏季）9:00-19:00；11 月至 3 月（冬季）9:00-17:00

🅲 冬季每逢星期一、12 月 31 日、1 月 1 日、3 月第二個星期一至星期五

💰 成人 ¥510，中學生 ¥310，小學生 ¥110

🌐 http://aomori-hakkoudamaru.com/

📖 由 JR「青森」駅東口徒步 5 分鐘。

入口

「八甲田丸」入口。

第一層

位於第一層的車輛甲板，是世界上少有的運送鐵路車輛的空間。

第三層的津輕海峽文化地區,展示昔日市民的生活作息。

第四層的操作室是連絡船的心臟地帶,當時除了船長和部分船員外都不能進入。

1962 年製造的「ヨ 6000」系列車,是接載運送貨物列車車長們的專用車。

船長休息室也可透過玻璃窗一目了然。

位於頂層的甲板平台及展望台,可以 360 度飽覽青森港的怡人景色。右方的三角形建築物就是青森縣觀光物產館。

5 青森縣觀光物產館

「A」字的外觀成為青森市最具代表性的建築。

ASPAM

從側面看的觀光物產館，又有另一番觀感。

以「青森（AOMORI）」中的「A」字形為構思，建造了青森市內最獨特的三角形建築物——青森縣觀光物產館，提供縣內的旅遊、活動及交通資訊外，也是購物和娛樂的場所。一樓的青森特產專區售賣的土產多不勝數，尤其當產季到來的時候多樣品種的新鮮蘋果更是堆積如山；還有免費觀賞的津輕三味線現場表演，一般每天都有兩場演奏。二樓則是體驗區，包括能欣賞 360 度全景 3D 睡魔祭影片的電影館，現場感十足；也設有傳統工藝品「津輕 KOGIN 刺繡」的製作示範區。最不能錯過的是位於十三樓的展望台，能 360 度俯瞰青森市、陸奧灣、八甲田群山等美景，天空晴朗之時更可遠眺對岸的北海道。

符さん提提您：

如打算徹底遊覽青森駅附近的景點，別忘記購買優惠共通券。在以下景點設施購買入場票時，向職員提出便能買得到。

優惠共通券	成人	高校生	中學生	小學生
睡魔之家＋八甲田丸＋ASPAM	¥1,380	¥970	¥770	¥570
睡魔之家＋八甲田丸	¥930	¥620	¥470	¥270
睡魔之家＋ASPAM	¥1,070	¥810	¥660	¥510

📍 青森県青森市安方 1 丁目 1 − 40

📞 +81-17-735-5311

🕐 一般 8:30-18:00；360° 3D 電影館 10:00-17:15；展望台 9:00-17:00

📅 年中無休（有臨時休館）

💰 360° 3D 電影館：成人 ¥650，中學生 ¥500，小學生 ¥350
展望台：成人 ¥400，中學生 ¥300，小學生 ¥200
電影館＋展望台：成人 ¥850，中學生 ¥650，小學生 ¥450

🌐 http://aspm.aomori-kanko.or.jp/

🚃 由 JR「青森」駅東口徒步 8 分鐘。

6 青森屋台村さんふり横丁

位於青森市本町的屋台村，是仿做昭和30年代懷舊氣圍而經營的食店橫丁，雖然只能容納14間店舖，但店子雖小，人情味卻濃厚。這裡經營的食店主要是居酒屋、酒吧及咖啡店，食客可以一邊享用美食，一邊和其他顧客及店主輕鬆聊天，這就是屋台獨特的風味。

📍 青森縣青森市本町3丁目8-3
📞 +81-80-8863-0794（青森屋台村さんふり橫丁事務局）
🕐 一般 17:30-25:00；酒吧 20:00-25:00
🅒 各店不同（但多數在星期一或星期日休息）
🌐 https://www.aomori-yataimura.com/
🚉 由JR「青森」駅東口徒步15分鐘。

鄉土料理 奧津輕

+81-90-9636-9326

17:30-25:00

星期日

「奧津輕」的外貌及店內格局。

選用青森縣多種山菜烹調而成的「けの汁」，是津輕鄉土料理的傳統菜式，香味撲鼻，價錢十年如一日，只售 ¥380。

奧津輕的名物「生姜味噌關東煮」，醬汁非常美味，每次來訪必吃 (¥800)。

攝於 2012 年 11 月的開心合照。

相隔 9 年再見面，老闆娘興奮得要跟我蹺杯。

符さん有感：

　　每次來到青森想吃正宗鄉土料理的時候，我別無他選，必定來青森屋台村跟「美味」及「人情味」聚舊。鄉土料理「奧津輕」自 2005 年屋台村開業至今一直經營到現在，老闆娘大平敏子不但是烹調青森鄉土料理的高手，而且為人相當開朗、隨和及健談，每次我都能盡興而回。最近一次來「奧津輕」的時候，因為新冠疫情的影響下，來屋台村的人客相當疏落，實在有點唏噓。然而，冷清的氣氛很快給我和老闆娘的笑聲掩蓋了！

7 青森縣立美術館

於 2006年開幕的縣立美術館,是與三內丸山遺跡融為一體的文化振興設施,旨在向世界展示青森縣個性豐富的藝術文化色彩。

美術館由國際知名日籍建築師青木淳設計,館內設有常設展室、劇場、畫廊、咖啡館及商店等。展品主要是來自十數位青森縣出身的著名藝術家包括棟方志功、成田亨及奈良美智等作品,也收集了其他國內及國外藝術家的作品如畢加索等。美術館最廣為人知的常設展品是在戶外高達九米的巨型「青森犬」雕塑,由超人氣藝術家奈良美智所設計,一直是美術館打卡的熱點,一年四季人流不絕。

📍 青森県青森市大字安田近野 185
📞 +81-17-783-3000
🕐 9:30-17:00
🅲 每月第二及第四個星期一(公眾假期則順延至翌日)及年末年始(另有臨時休館)
💴 成人 ¥510,大學生 ¥300,小/中學生 ¥100
🌐 http://www.aomori-museum.jp/
📖 (1) 由 JR「青森」駅前6號巴士站乘搭前往「三內丸山遺跡」市營巴士,於「県立美術館前」下車,車程約25分鐘,車費 ¥280。
　　　青森市營巴士網址:https://www.city.aomori.aomori.jp/koutsu/top.html
　　(2) 由 JR「青森」駅前7號巴士站乘搭「ねぶたん號」青森觀光巴士,於「県立美術館前」下車,車程約34分鐘,車費 ¥300。
　　　青森觀光巴士網址:http://www.aomori-kanko-bus.co.jp/topics.html

美術館雪白的外觀已經是一件很優美的藝術品。

あおもり犬
AOMORI-KEN
撮影OK

館內禁止拍攝，
這裡是罕有可拍
照的位置。

不同季節欣賞「青森犬」，
有著不一樣的觀感。

あおもり犬
連絡通路

Let's go to
Aomori-ken(Aomori Dog)!

「あおもり犬」まではこちらの階段をご利用ください。
階段の上り下りを含め、往復 15 分前後かかります。

It takes about 15 minutes for a round trip to that
place, including up and down stairs.

※「あおもり犬」観覧後、美術館に再入館されるお客様は、こちらまでお戻りいただき、
正面入口よりご入館ください。

※歩行の不自由なお客様、車いす、ベビーカー等をご利用のお客様には、展示室
からのご案内をしております（開天の場合あり）。

※美術館常設展示室からは、ガラス越しに「あおもり犬」をご覧いただけます。

※「あおもり犬」連絡通路の最終入場は 16:45 です。
Please enter at least 15 minutes (16:45) before the museum closes.

※新型コロナウイルス感染症対策のため、当面の間、B2F 正面入口を閉鎖して
いますが、ご迷惑をおかけいたしますが、ご理解とご協力の程、よろしくお願い申し
上げます。

參觀鎮守在戶外的「青森犬」
是免費的。

⑧ 特別史跡 三內丸山遺跡

～ 2021 年登錄為世界文化遺產

繩紋村落公園復原了多個古建築物。左方是大型立柱式建築，右方則是大型半地穴式建築。

三內丸山遺跡是在江戶時代開始已廣為人知的著名古蹟。而青森市這個遺址是在 1992 年被發現，繼而展開大規模的發掘調查後，證實為 5,900 至 4,200 年前繩紋時代前期至中期的大規模村落遺址。

整個參觀設施分為室內的繩紋時遊館及戶外的繩紋村落。時遊館內設有繩紋劇場、常設展示廳、繩紋 Big Wall、文物收藏庫及體驗工房等，可以觀賞到極具歷史價值的出土文物及了解當時的生活情況。穿過時光隧道便是繩紋村落公園，這裡展示了當時的建築遺蹟，並復原了多個大型古建築物，觀賞價值更高。

由於遺蹟的重要性，日本政府於 2000 年指定為國家特別史蹟。於 2021 年「北海道・北東北的繩文遺跡群」更被登錄為世界文化遺產。

📍 青森縣青森市三內字丸山 305

📞 +81-17-766-8282

🕐 9:00-17:00；黃金周及 6 月至 9 月 9:00-18:00

🅲 每月第四個星期一（公眾假期則順延至翌日）及 12 月 30 日至 1 月 1 日

💲 成人 ¥410，大學生 ¥200，中學生以下免費入場

🌐 http://sannaimaruyama.pref.aomori.jp/

📖 (1) 由 JR「青森」駅前 6 號巴士站乘搭市營巴士，於「三內丸山遺跡前」下車，車程約 30 至 40 分鐘，車費 ¥310。

   (2) 由 JR「青森」駅前 7 號巴士站乘搭「ねぶたん號」青森觀光巴士，於「三內丸山遺跡前」下車，車程約 40 分鐘，車費 ¥300。

半地穴式

立柱式

半地穴式房屋是指在地面挖掘坑穴作為房屋地板，再埋設立柱，並在立柱上加蓋茅草、樹皮或土屋頂的房屋。

立柱式建築是在地面挖掘柱坑，然後在柱坑中埋設立柱而形成的房屋。

在南側填土可見大量的土器、石器、土偶及玉器等與泥土一起被丟棄後，約 1,000 年之間形成像土崗的樣子。

常設展示廳揭開了繩紋人生活的面貌。

高度約 6 米的繩紋 Big Wall，包含了 5,120 片繩紋陶器的碎片。

館內的五千年之星餐廳，仿做繩紋時代使用的食材來烹調各種菜式。店內最具人氣的是選自青森縣奧陸灣產的扇貝來製作定食名為「発掘プレート」（¥980）。有趣的是如果在米飯中發現貝殼（遺蹟），便可免費獲贈人氣栗子雪糕。我就沒有這運氣了，看來這是給小朋友驚喜的嘻頭吧！哈哈！

23

9 八甲田山

八甲田山是橫貫十和田八幡平國立公園北部的連峰之總稱，以主峰八甲田大岳為中心，其周圍由十多座山岳環繞而成。這裡隨處可見的濕原地帶是高山植物的寶庫，因此從春季到秋季，登山客絡繹不絕。冬季的八甲田山被厚厚的雪覆蓋著，一邊滑雪一邊觀賞壯闊的樹冰外，還可遠眺北海道，這是八甲田山僅有的特色。

漫遊田茂范岳自然研究路，跟大自然親密地擁抱

八甲田纜車山麓駅。

纜車最多可容納101人，空中漫步的旅途中，壯觀的景色令人感動。

乘纜車只須10分鐘便到達山頂公園駅。

由八甲田山麓駅乘纜車到達山頂公園駅，在10分鐘的空中漫步裡，可欣賞360度壯觀的景色。春天的新綠、夏天的高山植物、秋天的楓葉和冬天的樹冰，四季都能享受不同的樂趣。

於八甲田山頂公園可遠眺白神山地、岩木山及十和田湖等美景外，這裡也是多條遠足路線的起步點，當中最輕鬆的便是田茂范岳自然研究路。這是無論大人、小朋友或長者來說都是毫無難度的遊步道，一般只須60分鐘便可遊畢全程，加上田茂范岳一帶散布著多個池塘及沼澤，是蘊藏高山植物的寶庫，因此一直吸引很多遊人到此。由於遊步道路線像葫蘆狀般，又被稱為八甲田葫蘆步道。

山頂公園站頂層的展覽台可清晰地觀賞到十和田湖的絕景。

山頂公園展覽台可以遠眺弘前市街景、白神山地及岩木山等。

田茂范岳自然研究路全程需時60分鐘，路途亦不崎嶇，輕輕鬆鬆便可行畢全程。

最留住遊人腳步的田茂范濕原展望台，可觀賞到部分北八甲田連峰，景色相當怡人。

途中有很多介紹高山植物的展板，遠足之餘也長知識，一舉兩得。

八甲田纜車

📍 青森県青森市荒川寒水沢1－12

📞 +81-17-738-0343

🕐 9:00-16:20（冬季至15:40）

🅲 年中無休（惡劣天氣會臨時休息）

💴 單程：成人（中學生以上）¥1,250，小學生 ¥450
來回：成人（中學生以上）¥2,000，小學生 ¥700

🌐 http://www.hakkoda-ropeway.jp/

🚌 由JR「青森」駅東口11號巴士站乘搭前往「十和田湖／酸ヶ湯温泉（みずうみ号）」JR巴士，於「八甲田ロープウェー駅前」下車，車程約60分鐘／85分鐘，車費¥1,120。
JR東北巴士：https://www.jrbustohoku.co.jp/route/

待さん助您安排行程：

(1) A－FACTORY、睡魔之家WA-RASSE、AUGA新鮮市場、青函連絡船紀念船「八甲田丸」、青森縣觀光物產館及青森屋台村さんふり橫丁都在青森駅附近，徒步遊覽便可。

(2) 前往青森縣立美術館及三內丸山遺跡的巴士相同，而且兩個景點距離亦只有800米，徒步約8分鐘。

(3) 前往八甲田山（八甲田纜車站前）、奧入瀨溪流及十和田湖的JR巴士相同。

弘前

📍 Hirosaki

弘前擁有東北地區唯一僅存的城堡——弘前城，
而且更是國內著名的賞櫻名所。作為日本蘋果最大產地
的弘前市，秋季不能不去蘋果公園親自體驗採摘蘋果的樂趣。
就在弘前城附近的追手門廣場，洋式建築與近代建築交織出的
四季景色，也相當有魅力。

 JR青森駅 → JR弘前駅（JR奧羽本線，約45分鐘，¥680）

 弘前觀光會議協會：https://www.hirosaki-kanko.or.jp/
弘南巴士公司：http://www.konanbus.com/

弘前城

建於 1611 年的弘前城，位於弘前市的中心地帶。最初的天守閣為五層高的建築物，但不幸在 1627 年遭雷擊而被燒毀。現在三層高的天守閣是在 1810 年重建而成，目前是展示津輕藩政時代歷史文物的「弘前城史料館」。

現存的天守閣雖然建設年代較新，但卻是東北地區僅存江戶時代所建造的天守閣，而另外三座塔樓、五道城門、三重護城河等均保存完好，在日本實屬罕見，因此於 1952 年被登錄為國家指定歷史古蹟，是廣為人知的弘前市象徵性建築。

弘前城早於 1895 年成為弘前公園向公眾開放，得到廣大市民踴躍捐贈櫻花，如今公園內種植有染井吉野櫻、垂枝櫻、八重櫻等約 2,600 餘棵櫻花樹，每逢春季滿園櫻花競相盛開，構造出震撼的櫻花海絕景，是國內著名的賞櫻名所。春季的櫻花祭、秋季的菊花紅葉祭和冬季的雪燈籠祭，公園內四季活動多采多姿，是很有實力的旅遊景點。

- 📍 青森県弘前市下白銀町 1
- 📞 +81-172-33-8739
- 🕐 弘前公園全年 24 小時免費開放；
  收費的天守閣及植物園於 4 月 1 日至 11 月 23 日開放（9:00-17:00）。
  櫻花祭期間：天守閣 7:00-21:00、植物園 9:00-18:00
- 💲 天守閣：成人 ¥320，小童 ¥100；
  植物園：成人 ¥320，小童 ¥100
  天守閣及植物園共通券：成人 ¥520，小童 ¥160
- 🌐 https://www.hirosakipark.jp/
- 🚌 由 JR「弘前」駅中央口 2 號巴士站乘搭「土手町循環」巴士，於「市役所前」下車後徒步 4 分鐘便到達弘前公園追手門入口，車程約 15 分鐘，車費 ¥100。

> 天守閣重建時仍採取古舊的建造形式，建築的背部沒設置鐵窗而只有發射弓箭的小窗。

天守閣現作為「弘前城史料館」，展覽數百年前弘前城下町的珍貴歷史資料。

弘前公園追手門入口。

二之九辰巳櫓是用以攻擊攀登到城郭的敵人及為了觀察敵情而建造。

深綠與楓紅襯托
下的丑寅櫓。

藍天白雲下的翠綠
河景相當美麗。

從追手門入口步入弘前公園不久，便到達弘前城植物園。
園內種植有 1,500 種、124,000 棵樹木和草本植物，是結
集了世界各地高山植物的岩石花園，亦有可感受季節變化
的花卉小徑，喜愛賞花人士不容錯過。

攝於 2021 年 7 月移動後的天守閣。

攝於 2012 年 位處於原址的天守閣。

符さん有感：

~ 弘前移動城堡

　　由於弘前城本丸東面的石垣有崩塌危機而需要進行維修，於 2015 年已進行了天守閣移動工程，耗費 3 個月時間緩慢地向本丸內部移動約 70 米，造就了臨時天守閣。石垣的維修工程為期約 10 年，預定於 2025 年至 2026 年內完工。弘前城天守閣 100 年來首次的移動工程，在日本國內十分少見，正值工程期間重遊的我，見證了這個特別的時刻和景象，感覺很特別。

弘前睡魔祭

（弘前ねぶた祭）

弘前睡魔祭在每年8月1日至8月7日舉行，祭典中有超過60台以上的大型燈籠山車在市內巡遊。青森睡魔祭與弘前睡魔祭兩者之間的分別在於燈籠的形狀和巡遊時的舞蹈方式。青森睡魔祭是製作大型的立體人形燈籠為主，舞蹈方式以輕快跳躍地進行；而弘前睡魔燈籠為大型扇子形狀，以緩慢節奏威武地在街道上巡遊。雖然兩者風格截然不同，但卻同被重視，同樣是國家指定重要無形民族文化遺產。

2 津軽藩睡魔村

巨大的扇狀燈籠山車非常奪目，近看可以觀賞製作手工的精湛，遠看可以感受山車壯觀的迫力。

遊客全年都可以在此體驗弘前睡魔祭的魅力。睡魔燈籠館可近距離觀賞多台大型扇狀山車外，每天都設有多場祭典音樂表演及三味線演奏。在「倉庫作坊——匠」的工藝店中，可觀賞到多位津輕傳統工藝師現場製作的技術，如漆器、小巾刺繡、陶器及風箏等。建築物中央的揚籠園是大約從1880年到1914年以津輕地區獨特的方法建造的日式庭園，風景秀麗，被指定為弘前市的保存綠地。

進入場館後便是表演的舞台，每天都有多場經典音樂及三味線的表演。

金魚型的睡魔燈籠，是模仿津輕特有稱為「津輕錦」的金魚而製作，相傳是可召喚幸福的魚，現時在祭典中會看到很多小朋友手持著金魚睡魔燈籠遊行。

踏出戶外的揚龜園，漫步在自然的空間裡，非常寫意。

參觀駐場工藝師的工藝製作過程，可感受到民間傳統工藝的內涵。

📍 青森県弘前市亀甲町 61

📞 +81-172-39-1511

🕐 9:00-17:00

🅲 年中無休

💴 成人 ¥550，中學生 ¥350，
小學生 ¥220，3 歲以上小童 ¥110

🌐 http://neputamura.com/

🚉 (1) 由 JR「弘前」駅中央口 4 號
巴士站乘搭「ためのぶ」號弘
南巴士，於「ねぶた村」下車，
車程約 15 分鐘，車費 ¥100。(只
在 4 月至 11 月運行)

(2) 由 JR「弘前」駅中央口 7 號
巴士站乘搭前往「浜の町・石
渡線」弘南巴士，於「亀の甲
町角」下車後徒步 1 分鐘，車
程約 12 分鐘，車費 ¥200。

津軽藩睡魔村的外貌，左方是售賣紀念品及特產的店舖。

3 弘前市蘋果公園

りんごの家（蘋果之家）的外貌。

弘前是日本全國蘋果生產量第一的城市，在市郊的蘋果公園更是全國最大的蘋果主題公園。在園內約9.7公頃的土地上，共種植了約80多個品種、約2,300棵蘋果樹。每年8月至11月的蘋果收成期間，訪客可參與蘋果採摘體驗，選摘自己喜愛的蘋果，既熱鬧又有趣，是園內最受歡迎的活動。

弘前市蘋果公園佔地廣闊，是日本一的蘋果主題公園。

在「りんごの家（蘋果之家）」的設施內，有餐廳、特產專區及展覽館等，可即場品嘗各式各樣的蘋果美食，也可選購與蘋果相關的產品及帶走豐富的知識。走到戶外的「すり鉢山展望台」上，可從高處觀賞果園的景色外，也是園內遠眺岩木山的最佳位置。訪客也可參觀具有140年歷史的「舊小山內家住宅」，了解當時農務生活和農舍結構等。充滿魅力的蘋果公園，是國內國外都很受歡迎的果園。

這裡也可觀賞到岩木山的壯麗景色。

さんさ
Sansa

- (母親)ガラ ×(父親)あかね
- 「つがる」より少し早く穫れる早生種
  (9月上旬～中旬収穫)

各種蘋果樹旁都設置了展板，介紹蘋果的名稱、特色和口味。當中有些名稱聞所未聞，非常有趣，穿梭蘋果樹林確實是一大樂事。

參加採摘蘋果體驗活動，事前登記後便可到果園選摘蘋果，最後按蘋果重量而收費。

蘋果採摘體驗活動期間，果園還會安排其他美食和表演節目，非常熱鬧。圖中的巨型蘋果批大受訪客歡迎。

站在「すり鉢山展望台」上，飽覽果園的全貌，感覺寫意又滿足。

世界一

餐廳內有多款蘋果食材的原創料理以供選擇。圖為期間限定蘋果冷麵（￥825），麵質彈牙，湯底清甜，一吃難忘。

展覽館內設有介紹蘋果品種的模型，以及展示蘋果栽培的歷史發展等資料，知識相當豐富。

舊小山內家住宅保存了津輕地區農舍的 140 年歷史價值，被指定為弘前市有形文化財產。

📍 青森県弘前市清水富田寺沢 125

📞 +81-172-36-7439

🕘 9:00-17:00

Ⓒ 年中無休

💲 免費入園

蘋果採摘體驗日期：每年 8 月上旬至 11 月中旬
體驗費用：蘋果每公斤 ￥350

🌐 http://www.city.hirosaki.aomori.jp/ringopark/

🚌 (1) 由 JR「弘前」駅中央口 4 號巴士站乘搭「ためのぶ」號弘南巴士，於「りんご公園」下車，車程約 40 分鐘，車費 ￥200。(只在 4 月至 11 月運行)(由「ねぶた村」/「市役所前」上車則需時 25 分鐘 / 20 分鐘)

(2) 由 JR「弘前」駅中央口 6 號巴士站乘搭「西目屋村役場線‧相馬線」弘南巴士、於「常盤坂入口」下車後徒步約 7 分鐘，車程約 20 分鐘，車費 ￥300。(※8 時至 16 時內的相馬線巴士可直到「りんご公園」下車)

4 追手門廣場
～細賞明治時期的建築遺產

追手門廣場是弘前市觀光及文化的中心據點。廣場內除了有弘前市立觀光館及花車展示館的現代建築外，也有多座超過100年歷史在明治時期落成的洋風建築。當中以舊弘前市立圖書館的觸目外觀最吸眼球，而舊東奧義塾外國人教師館內設立的咖啡室也別有風味。新舊文化交替的追手門廣場，鄰近弘前公園，位置相當便利，而且大部分設施都是免費參觀，有時間不妨順道一遊。

📍 青森縣弘前市下白銀町 2－1

🚌 由 JR「弘前」駅中央口 2 號巴士站乘搭「土手町循環」巴士，於「市役所前」下車即到達，車程約 15 分鐘，車費 ¥100。

舊弘前市立圖書館

於 1906 年落成的舊弘前市立圖書館，其設計出自當時洋風建築的翹楚、弘前市出身的建築名匠堀江佐吉的傑作，是市內具代表性的明治時期建築遺產。樓高三層的建築，最獨特之處便是左右八角形的圖頂塔樓，一看令人印象深刻。

> 獨特的設計，加上紅白色的外觀，確實是一座很出色的藝術品。

📞 +81-172-37-5505

🕐 9:00-17:00

🅒 12 月 29 日至 1 月 3 日

館內復原了舊市立圖書館的樣子，並展示了當時的相關資料。

弘前市立觀光館

提供市內觀光、交通等資訊及免費單車租用服務外，還設有餐廳及紀念品店。二樓的展示廳則有津輕漆器和民間工藝品的展覽。

📞 +81-172-37-5501
🕐 9:00-18:00
C 12月29日至1月3日

與市立觀光館相連的山車展示館，展示了弘前市巡遊花車及各種裝飾品。

廣場內還有迷你模型區，展示了十四座從明治到大正時代的建築模型，當中只有五座實體仍然存在，因此也值得一看。

後方真實版的舊東奧義塾外國人教師館，與前方的迷你建築模型相映成趣。

5 青森銀行紀念館

建 於 1879 年的青森銀行，為縣內首間國立銀行，在全國則是第 59 間國立銀行。其設計及施工都是出自名匠堀江佐吉之手，為文藝復興風格的洋式建築，被指定為國家重要文化財產。建築的整體屬於防火構造，最特別是在屋頂上有兼具展望台功能的裝飾塔，頂端建造了印度寺廟常見的圓環，設計獨具匠心，是市內優秀的明治建築物。

📍 青森県弘前市元長町 26
📞 +81-172-33-3638
🕐 9:30-16:30
📅 星期二及 12 月 29 日至 1 月 3 日
💰 成人￥200，小 / 中學生￥100
🚌 由 JR「弘前」駅中央口 2 號巴士站乘搭「土手町循環」巴士，於「下土手町」下車後徒步 5 分鐘，車程約 15 分鐘，車費￥100。

6 岩木山神社

神社入口的石造鳥居背景就是被稱為信仰之山的岩木山，因此氣場十足。

位 於弘前市的岩木山，標高為 1,625 米，是青森縣內最高的山峰。山頂部份有積雪覆蓋是岩木山的特徵，因此又被稱為「津輕富士」。

坐落於岩木山下的岩木山神社，有長達 1,200 年以上的歷史。神社的樓門、中門、拜殿、奧門、瑞垣和本殿都被指定為國家的重要文化財產。作為鎮守保護日本北門的著名神社，深受當地人尊崇。

穿越鳥居和參拜步道可直達本殿，沿路景致優美。

神社的樓門甚具壓倒的氣派。

岩木山神社——鎮守保護日本的北門。

社殿的精美雕刻所呈現出的美麗倒影，特點與日光東照宮相似，因此又被稱為「東北奧日光」。

待さん助您安排行程：

(1) 弘前公園、津輕藩睡魔村、追手門廣場及青森銀行紀念館的位置都很接近，作為散步遊覽都不錯。

(2) 前往岩木山神社的「枯木平線」巴士，會途經弘前公園對面（即 Starbucks 前）的「市役所前公園入口」巴士站。

(3) 前往弘前市蘋果公園的最佳日子是蘋果採摘體驗期內（8 月上旬至 11 月中旬）。

📍 青森県弘前市百沢寺沢 27
📞 +81-172-83-2135
🕐 4 月至 10 月 8:00-17:00；11 月至 3 月 8:30-16:00
🈁 年中無休
🌐 https://iwakiyamajinja.or.jp/
🚌 由 JR「弘前」駅中央口 6 號巴士站乘搭「枯木平線」弘南巴士，於「岩木山神社前」下車後徒步 2 分鐘，車程約 38 分鐘，車費 ¥720。（由「市役所前公園入口」上車則需時 27 分鐘，車費 ¥660。）

八戸

Hachinohe

位於八戸市的八戸港，是青森縣內其中一個大型漁港，海產新鮮且漁獲豐富而聞名。日本一的館鼻岸壁朝市、人情味濃厚的陸奥湊駅前朝市及超大型海鮮市場八食中心，都受惠八戸港的豐富海產而成為了人氣景點。吃得太飽怎麼辦？不要緊，種差海岸遊步道作為青森最美的遊步道，漫遊其中不但可以燒脂，還可以欣賞一望無際的海岸美景，一舉兩得。

 JR新青森駅→JR八戸駅（東北新幹線，約27分鐘，¥3,720（指定席））

🌐 https://visithachinohe.com/

館鼻岸壁朝市

～非去不可的日本一朝市

位於八戶市館鼻漁港的館鼻岸壁朝市，是日本全國最大規模的朝市，每年三月中旬至十二月下旬期間的每個星期日舉辦，開市時間由日出時分至早上9時止。總長800米的朝市，超過300間攤販林立，每周吸引過萬名當地人與觀光客前來，是八戶市最熱鬧的地方。

這個巨大的朝市最吸引人之處就是價廉物美，可用最划算的價格購買當地各種名產。朝市除了售賣八戶地區引以為傲的鮮魚、魷魚、乾貝等海產物品外，附近採摘的新鮮蔬菜、水果等農產品也種類繁多。這裡另一特色是有為數不少的熟食攤販，如咖啡、麵包、拉麵、串燒、炸物、咖哩和八戶特色料理等等，選擇十分豐富，而且大多是即場製造，熱騰騰、香噴噴的新鮮美食吸引了很多專程來這裡吃早餐的人。食品以外，也有古董、手工家具、飾物精品及各式雜貨等出售。穿梭300多間攤販，邊吃邊逛邊買，絕對可深深感受到館鼻岸壁朝市的魅力。朝市人潮高峰為早上7時許，如想有足夠時間遊畢整個朝市，建議及早前往。

📍 青森縣八戶市新湊館鼻岸壁

📞 +81-178-27-3868（協同組合湊日曜朝市會）

🗓 3月中旬至12月下旬期間的每個星期日（日出至9:00時）

🌐 http://minatonichiyouasaichikai.com/

🚃 (1) 由JR八戶線「陸奧湊」駅徒步10分鐘
(2) 由八戶市中心街乘搭「日曜朝市循環巴士いさば号」於「館鼻漁港前」下車，車程約16分鐘，車費¥100。（每日只有4班來回巴士）
八戶市營巴士網址：https://www.city.hachinohe.aomori.jp/section/bus/

天還未亮透，朝市已開始營業。

早上6時許，前來朝市的人流已不斷增多。

朝市內的海產品眾多，部分可即場品嚐，既新鮮又美味

新鮮採摘的蔬菜水果相當吸引。

這間人氣炸雞攤販是朝市名物，排隊的人流不絕。

多間麵包店旁都泊有麵包車，在車中即場焗製包點，現場香氣撲鼻。

逛累了，可以嘆杯咖啡休息一會，多享受。

符さん有感：

疫下魅力不減的朝市

　　在疫情下的日本，有很多景點都暫停開放或縮短開放時間。然而今次重遊青森縣，這個全國最大級的朝市仍然繼續舉辦，真的感恩有這次初訪的機會。我走訪過日本全國多個朝市，館鼻岸壁朝市的規模確實令我大開眼界。雖然缺少了國外遊客，但朝市依然熱熱鬧鬧，可見當地人對它的鍾愛，作為日本一的朝市，賣至名歸。期盼早日能恢復日遊，讀者朋友也可來這裡吃、買、逛，保證您「大滿足」呢！

美食實在太多，慨嘆肚子只有一個，什麼都想吃啊！

2 陸奧湊駅前朝市

陸奧湊駅

步出「陸奧湊」駅即到達朝市。

日本一的館鼻岸壁朝市固然非去不可，但旅遊期間若不是3月至12月，又或不是星期日的日子，想去也不行了！

位於陸奧湊駅前的朝市，或許也可以滿足您去朝市的欲望。雖然規模遠遠不及館鼻岸壁朝市，但這裡自選製作的魚貝類早飯及「魚店阿媽」的親和力也甚為吸引。

陸奧湊駅前朝市是指車站前的商店街和八戶市營魚菜市場的範圍，以販賣新鮮的魚介類最廣為人知，亦有不少雜貨批發店。作為八戶市最地道的海鮮市場，過去數十年以來一直是市內很多餐廳和市民來選購新鮮食材的地方。每天早上，魚店的媽媽們會以方言交談，非常親切和熱鬧，因此成為了朝市的代表性而誕生了「賣魚的阿媽」雕像。朝市最具特色就是可以選擇各類新鮮魚貝刺身，再配合米飯和味噌湯，獨創自己最喜愛的朝市早飯。

車站外的「賣魚的阿媽」雕像，是朝市的象徵。

📍 青森縣八戶市湊町
📞 +81-178-33-6151（八戶市營魚菜市場）
🍴 3:00-12:00（八戶市營魚菜市場營業至15:00；早餐時間5:00-10:00）
🅲 星期日及1月1日至1月2日（八戶市營魚菜每月第二個星期六也休息）
🌐 https://visithachinohe.com/stories/mutsuminato-ekimae-asaichi/
📖 JR八戶線「陸奧湊」駅下車即到達。

在魚菜市場內挑選新鮮魚貝刺身，獨創自己最愛的早飯。

YUMMY!

商店街兩旁有售賣新鮮海產、乾貨和燒烤美食的店舖。

在朝市任何店舖買了食物，都可以來這個免費開放的休憩所慢慢品嘗。這裡也有售賣白飯、味噌湯和各式飲品。

符さん有感：

　　我到訪的時候，正值八戶市營魚菜市場進行維修工程而臨時關閉（2021年5月至2022年3月），部分店舖暫遷至附近的舊青森信金銀行陸奧港支行繼續營業。相信竣工後的魚菜市場會有全新面貌，規模設施更大，商品選擇更多。

八食中心規模龐大，是一個擁有各式新鮮食材及豐富產品的市場，
是到八戶觀光時不容錯過的熱門景點。

八食中心 ~（八食センター）

品嘗最鮮的味道

已開業 30 多年的八食中心，不僅是八戶市最大的海鮮市場，也是日本國內數一數二的超大型市場。

要說八食中心最吸引人之處，必定是能品嘗到既新鮮又便宜的各類海產。青森縣因為被日本海與太平洋包圍，一年四季都有新鮮的海產，八食中心的海鮮就是直接取自停泊在附近八戶港的漁船，所以這裡的海產相當新鮮和豐富。市場內共有 60 多間專賣店，售賣各類活跳海鮮外，還有乾貨、蔬菜、青果、肉類、酒類、雜貨等商品，總之種類一應俱全，可謂是八戶市民的廚房。

八食中心最受歡迎的是「七厘村」自助海鮮燒烤，只須付上 ¥400(小學生 ¥150) 租用燒烤爐和餐具，然後再到海鮮專賣店選購自己喜愛的海產食品，就可以享用兩小時的燒烤樂趣，品嘗八戶最鮮的味道。另外，「味橫丁」和「廚スタジアム（廚 STADIUM ）」也有多間特色餐廳，如壽司、拉麵、蕎麥麵、鄉土料理等美食任君選擇。

📍 青森縣八戶市河原木神才 22-2

📞 +81-178-28-9311

🍴 市場棟 9:00-18:00；味橫丁 9:00-18:30；廚スタジアム 9:00-21:00

🅲 星期三

🌐 https://www.849net.com/

🚌 (1) 由 JR「八戶」駅東口 4 號巴士站乘搭前往「八食センター」巴士，於終點站下車，車程約 12 分鐘，車費 ¥100。

(2) 由八戶市中心街總站的 5 號巴士站 (即屋台村對面的六日町) 乘搭循環巴士，於「八食センター」下車，車程約 20 分鐘，車費 ¥200。(※1月1日巴士休息)

巴士時間：https://www.849net.com/access/

市場內販賣的海產種類繁多，而且價廉又新鮮，極受歡迎。

乾貨產品也應有盡有，縣內縣外的特產都能買得到。

在「七厘村」品嘗美味的海鮮燒烤，是很多人來八食中心的目的。

海鮮丼、拉麵、鄉土料理、各式炸物等美食都極具吸引。

4 蕪島

位於種差海岸最北端的蕪島，是黑尾鷗的繁殖地，被指定為國家天然紀念物。每年從3月到8月期間，黑尾鷗就會飛到這裡來繁殖育雛，最高峰時會多達3萬至4萬隻，幾乎要覆蓋整個蕪島，場面相當壯觀。此外，在5月中旬油菜花盛開之時，黃色的油菜花、紅色的神社鳥居、飛翔中的白色黑尾鷗和晴朗的藍天形成了鮮明的對比，景象非常美麗。

📍 青森縣八戶市鮫町56-2

🚇 (1) JR八戶線「鮫」駅下車後徒步約15分鐘。

(2) 乘搭「種差海岸遊覽巴士」，於「蕪嶋海浜公園」下車即到達。

蕪嶋神社

神社鳥居的旁邊，有雨傘可供借用。

鎮守在蕪嶋山頂的蕪嶋神社，被認為能夠保佑漁業安全及生意興隆，自古以來備受當地人們的敬重。神社不幸於 2015 年 11 月發生火災被燒燬，現在的神社是在 2020 年重新落成。

📍 青森県八戶市鮫町 56 - 2

📞 +81-178-34-2730

🏛 8:45-16:30

🈂 免費

🌐 http://kabushimajinja.com/

符さん提提您：

　　每年春天是黑尾鷗戀愛的季節。牠們在 4 月下旬開始產卵，到 5 月的時候島上到處都能見到孵卵，如果您在這段時間到訪，請謹記注意地上的孵卵，切勿摧毀牠們的生命。6 月之時，雛鳥陸續誕生。來到 7 月，雛鳥開始練習飛翔，這時您會看見四處都是白色的「便便」，如果您不想「中頭獎」，切記撐傘而行啊！

種差海岸遊覽巴士

㈿ 八戸うみねこライオンズクラブ 5周年記念事業

遊 覽「鮫」駅至「種差海岸」駅之間的主要景點，可乘搭「種差海岸遊覽巴士」（ワンコインバス・うみねこ号），非常方便，每程只須 ¥100(小童 ¥50)。

🅢 每程 ¥100(小童 ¥50)

🚌 4月至11月初：每日7班來回巴士運行
11月中旬至3月：只在星期六、日及公眾假期運行，每日4班來回巴士

🅒 1月1日至1月2日

🗺 巴士時間表：https://www.city.
hachinohe.aomori.jp/section/bus/
onecoin_uminekogou.html

步出 JR「鮫」 駅，
再步行 80 米便到達
巴士站。

種差海岸遊步道 ~
探索自然景觀的美態

由 蕪島至階上境全長約12公里的種差海岸遊步道，沿途盡是壯觀的海景與豐富的自然生態，有「花之海濱」之稱，也被譽為青森最美的遊步道。當中由蕪島至種差海岸之間約8公里的遊步道，是最多遊人選擇的路線。

八戶市水產科學館

由蕪島旁的海岸出發，徒步約 10 分鐘便到達八戶市水產科學館。這裡主要是介紹黑尾鷗和魷魚等海洋生物的設施，也可觀賞八戶附近海域的魚類。

📍 青森県八戶市鮫町下松苗場 14－33
📞 +81-178-33-7800
🕐 9:00-17:00；6 月至 8 月 9:00-18:00
🅲 年中無休
🎫 成人 ¥300、小／中學生 ¥100
🌐 http://www.marient.org/
🚌 乘搭「種差海岸遊覽巴士」，於「水產科學館前」下車即到達。

鮫角燈塔

📍 青森県八戶市鮫町小舟渡平
📞 +81-70-2020-7412
🕐 每年 7 月至 10 月的星期六、日及公眾假期；7 月下旬至 8 月下旬則每日開放 9:00-16:00
💰 免費
🌐 https://visithachinohe.com/spot/samekado-todai/
🚌 乘搭「種差海岸遊覽巴士」，於「旧シーガルビューホテル」下車後步行約 5 分鐘。

白色圓形的鮫角燈塔，被選為日本 50 座最佳燈塔之一。

從燈塔的展望台，可俯瞰美麗的海岸線。

燈塔每年只有 4 個月時間公開免費參觀。

葦毛崎展望台

外觀極像堡壘的葦毛崎展望台，是種差海岸最佳景觀的展望台，可以廣角地觀賞太平洋景色，晴天時更可看到遠處的下北半島。

乘搭「種差海岸遊覽巴士」，於「葦毛崎展望台」下車即到達。

大須賀海岸（鳴沙）

全長約 2.3 公里的大須賀海岸，沙質潔淨無污染，因踏在沙上會發出聲響，所以被稱為「鳴沙」而聞名。

乘搭「種差海岸遊覽巴士」，於「大須賀海岸」下車即到達。

深久保漁港

遊畢大須賀海岸後，再經過白濱海水浴場就到達深久保漁港，這裡是白岩及淀之松原的入口。如乘搭「種差海岸遊覽巴士」，可於「深久保」下車後再徒步10分鐘來到這裡。

白岩

由於長期受大量鸕鷀飛來這岩上排便，形成了白色的岩石而得名。深久保漁港附近的岩石大多是黑色，所以這白岩顯得相當突出。白色的岩石、蔚藍的大海和綠色的松原形成鮮明對比，是種差海岸的代表性景觀之一。

淀之松原

漫步在百歲松樹排列著的淀之松原中，欣賞沿途海岸美景，令人心曠神怡。

種差露營場

能 感受大自然氣息的露營場地，一直備受歡迎。

種差天然芝生地・種差海岸

位 於三陸復興國立公園內的種差海岸，是八戶市知名的自然景點，其翠綠遼闊的天然草坪與海天一色的絕景最引人入勝，被定為國家指定名勝。

🚃 JR八戶線「種差海岸」駅下車後徒步5分鐘。

種差海岸駅

符さん有感：

花了差不多3個半小時，終於遊畢8公里的遊步道，感覺相當喜悅。雖然最後的路段天氣突變，無法觀賞晴朗的種差海岸而有點不足，不過我仍然感恩大部分時間都能在藍天下漫遊這美好的自然景色。

下午5時許，各店已做好準備，迎接客人。

5 八戶屋台村みろく橫丁

位於八戶市中心的三日町和六日町的行人路兩旁，共有26間各種美食店舖並列著，這裡就是充滿懷舊風情的八戶屋台村みろく橫丁。八戶漁港的海產豐富，當然少不了以海鮮料理為主打的店舖，另外也有居酒屋、串燒、酒吧及鄉土料理等等。每間細小的店舖，和其他屋台村一樣，只可容納不到十人，顧客與店主緊密相處，熱熱鬧鬧的氛圍，風味十足。由於位處中心街，附近都是百貨公司、各式商店、行政及金融區，所以人流比青森屋台村熱鬧得多。

選了一間粉紅色的店舖，既乾淨感覺又清新。店主推介的日本－八戶烏賊的菜式，好美味。

📍 青森県八戶市六日町～三日町

📞 +81-178-38-3692
（みろく橫丁事務局）

🍴 一般 17:00/18:00-24:00
（各店有異）

🅲 各店有異

🌐 https://36yokocho.com/

🚃 由 JR 八戶線「本八戶」駅南口徒步約 10 分鐘

位於三日町的屋台村入口。

以烏賊及捕魚為主題的餐廳。

本地設計師創作的商品區。

設施的入口處展示了 200 多個傳統工藝品「八幡馬」,非常耀眼。

6 八戶 PORTAL Museum Hacchi

八戶 PORTAL Museum Hacchi 的外觀。

位於屋台村對面的八戶 PORTAL Museum Hacchi,是提供八戶多元化訊息的交流設施。一樓的展區介紹八戶的自然風景、祭典、朝市、美學、傳統工藝等等的資訊;另有商品區售賣當地設計師的創作。而二樓也有當地工匠及藝術家的作品展覽區、咖啡店及餐廳等。這是免費參觀的設施,如打算前往屋台村,不妨也來這裡深入了解八戶的文化特色。

📍 青森縣八戶市三日町 11 - 1
📞 +81-178-22-8228
🕐 9:00-21:00
🚫 每月第二個星期二(公眾假期則順延至翌日)及12 月 31 日至 1 月 1 日
💰 免費
🌐 https://hacchi.jp/
🚉 由 JR 八戶線「本八戶」駅南口徒步約 10 分鐘。

館內有多個特色展區,並有職員向訪客作詳細介紹。

7 三八城公園

（八戶城跡）

八戶城本丸跡

三八城公園是江戶時代八戶城的遺址，現在成為了市民的休憩公園，是八戶市的賞櫻名所。每年4月下旬到5月上旬，約50棵櫻花同時競相盛開，非常美麗。

📍 地址：青森県市市内丸1丁目14-49
📞 +81-178-43-9141（八戶市公園綠地課）
🌐 https://visithachinohe.com/spot/miyagikoen/
🚃 由JR八戶線「本八戶」駅南口徒步約3分鐘。

符さん助您安排行程：

(1) 館鼻岸壁朝市是星期日營業的朝市，陸奧湊駅前朝市是星期一至星期六營業的朝市。

(2) 前往以上兩個朝市、蕪島、種差海岸及八戶屋台村都是乘搭JR八戶線，適合安排同日遊覽。

(3) 三八城公園只適合櫻花季節前往。

十和田

Towada

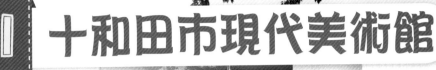

十和田市現代美術館

～必到打卡熱點

於2008年開館的十和田市現代美術館，是「透過藝術提供新體驗」為目的而開放的設施。館內展示了只有在十和田才能觀賞到的常設展品，每一個作品都有獨立的展示空間，這些都是來自活躍在世界各地知名的藝術家如草間彌生、Ron MUECK 等傑作。除了常設展覽空間外，美術館還有特別企劃展覽空間和咖啡廳等設施。

為了讓遊客可以體驗到與自然景觀融為一體的藝術品，館外及對面的藝術廣場也展示了多個非常吸引的展品，切切實實將藝術文化融入了街道。美術館附近一帶的官廳街通、駒街道，是日本街道百選之一，每年春季櫻花綻放之時，再結合街道上的藝術品，景象顯得更加美麗。

📍 青森県十和田市西二番町 10-9

📞 +81-176-20-1127

🏛 9:00-17:00

🅲 星期一（公眾假期則順延至翌日）及年末年始

💴 成人 ¥1,800（企劃展結束後 ¥1,000），中學生以下免費

🌐 https://towadaartcenter.com/

📖 (1) 由 JR「八戶」駅東口 5 號巴士站乘搭前往「十和田市方向」的十和田觀光電鐵巴士，於「官庁街通」下車後徒步 5 分鐘，車程約 1 小時 14 分鐘，車費 ¥1,260。（※「十和田市中央」站的下一站便是「官庁街通」站。）

巴士時間表：http://www.toutetsu.co.jp/jikoku/towada-hachinohe.html

(2) 由 JR「八戶」駅西口 1 號巴士站乘搭前往「十和田湖（**おいらせ号**）」JR 巴士，於「十和田市現代美術館」下車，車程約 40 分鐘，車費 ¥1,150。（※ 只在 4 月至 11 月運行，每日只有一班巴士，特定日期每日兩班巴士。）

JR 東北巴士網址：https://jrbustohoku.co.jp/route/

📍 館內常設展品

常設展品分佈在一樓、二樓及屋頂的獨立空間，部分可以讓遊客親身體驗設計的理念，十分有趣。

Ron MUECK 作品 (澳洲)：
Standing Woman
身高 4 米的巨型女雕像，身體的每個細微部分都相當逼真。

Ana Laura ALAEZ 作品 (西班牙)：
Bridge of Light
「光之橋」是用五感來體驗由光、聲音及玻璃所構成的空間的作品。

栗林隆作品 (日本)：
Sumpf Land
「濕地帶」是表達在兩個世界之間的邊界面，天花板的頂部可探頭窺視另一個充滿驚訝的世界。

美術館外設有多個非常吸睛的大型展品，成為打卡熱點。

📍 館外展品

這是美術館咖啡廳的建築物外牆。
左方是奈良美智作品 (日本)：夜露死苦 Girl 2012
右方是 Paul MORRISON 作品 (英國)：Ochrea

崔正化作品 (韓國)：Flower Horse

椿昇作品 (日本)：aTTA

藝術廣場

位於美術館對面的藝術廣場，共有6個大型展品，同樣大受歡迎，當中以草間彌生的作品最受注目。

inges idee 作品（德國）：Ghost & Unknown Mass

Jaume PLENSA 作品（西班牙）：EVEN SHETIA

R&Sie(n) 作品（法國）：Hypnotic Chamber

草間彌生作品（日本）：
Love Forever, Singing in Towada

Erwin WURM 作品（奧地利）：Fat House & Fat Car

② 奧入瀨溪流

～著名賞楓勝地

奧入瀨溪流是十和田湖流出的唯一河川奧入瀨川之中，由上流十和田湖畔的子之口至下流燒山之間綿延達14公里，是國家指定的特別名勝及天然紀念物。這裡可以看到原始氣息的森林、多種多樣的河流和數十個瀑布，隨著季節變化展現出各種不同的風貌。夏季窈林翠綠的美景，令人身心舒暢；秋季樹葉楓紅的絕景，是東北地區首屈一指的賞楓勝地。

遊覽奧入瀨溪流，一般都以散策為主。由燒山至子之口的路線徒步大約需要5小時，但最多人選擇的是由石戶至子之口的路線，徒步只須3小時以內。行車道路和遊步道都是沿山澗建造，遊步道尚算容易行走，而且沿途都可以欣賞到不同的景觀，所以能感覺輕易就到達終點。

由燒山至子之口之間共有7個JR巴士站，可隨自己能力或喜好決定散策路線，但必須注意巴士的班次時間。

緩急變化多樣的奧入瀨溪流，構造出不一樣的觀感，風景百看不厭。

📍 青森縣十和田市大字奧瀨

📞 +81-176-75-2425（十和田湖國立公園協會）

🌐 http://towadako.or.jp/

📖 (1) 由JR「八戶」駅西口1號巴士站乘搭前往「十和田湖（おいらせ号）」JR巴士，於「石戶」下車，車程約1小時40分鐘，車費￥2,100。（※ 只在4月至11月運行，每日只有一班巴士，特定日期每日兩班巴士）

(2) 由JR「青森」駅東口11號巴士站乘搭前往「十和田湖（みずうみ号）」JR巴士，於「石戶」下車，車程約2小時30分鐘，車費￥2,510。（※ 只在4月至11月運行，每日兩班巴士）

JR東北巴士網址：https://jrbustohoku.co.jp/route/

奧入瀨溪流是著名的賞楓勝地。

奧入瀨溪流散策路線及參考時間：

燒山 → 黃瀨(2公里／40分鐘) → 石戶
(3.1公里／60分鐘) → 馬門岩(1.3公里／
20分鐘) → 阿修羅之流(400米／10分鐘)
→ 雲井瀑布(900米／20分鐘) → 白布瀑
布(400米／10分鐘) → 玉簾瀑布(2公里
／40分鐘) → 白絲瀑布(400米／10分鐘)
→ 九段瀑布(800米／20分鐘) → 銚子大
瀑布(300米／10分鐘) → 子之口(1.6公里
／30分鐘)

巴士站：燒山→奧入瀨溪流館→紫明溪→石
戶→馬門岩→雲井瀑布→雲井之流
→銚子大瀑布→子之口

遊覽奧入瀨溪流，最多人選擇在石戶為出發點。這裡的石戶休憩所設有小賣店，洗手間和旅客中心，所以較多人聚集。(休憩所營業時間為 8:30-16:30，年中無休。)

從石戶休憩所洗手間旁邊出發向下走，便步入了遊步道。

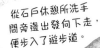

初段是平靜優美的溪流，但步行 10 分鐘後已看到來勢洶洶的急流。

馬門岩

石戶到馬門岩只須步行 20 分鐘時間。

阿修羅之流是奧入瀨溪流具代表性景點之一，密林中奔流沖擊長滿了青苔的岩石，相當有震懾力。

從遊步道遠眺的白布瀑布。

雲井瀑布是從茂密森林的懸崖上分三段落下，落差 20 米，水量豐富，是山澗最壯觀的瀑布之一。

玉簾瀑布是位於行車道路旁邊的細小瀑布，很容易會錯過。

從遊步道也可遠眺的白絲瀑布，落差 30 米，因水流落下時像一條白線而命名。

九段瀑布落差約 15 米，水流從層層疊疊的岩石傾瀉而下，景觀特別。

銚子大瀑布是奧入瀨溪流本流中唯一的瀑布，落差雖然只有 7 米，但寬度卻有 20 米，加上水量極大，所以非常壯觀，是奧入瀨溪流中最具代表性的瀑布。

遊步道的終點站為子之口，可在此乘搭 JR 巴士返回八戶或青森。如打算到十和田湖的酒店留宿，於「子ノ口」駅乘搭 JR 巴士到「十和田湖（休屋）」下車則需時 15 分鐘，車費 ¥620。

「子ノ口」駅對面就是十和田湖遊覽船的碼頭，可選擇在此乘船到休屋，遊覽時間為 50 分鐘，費用 ¥1,430。

3 十和田湖
～享受寧靜的湖畔氛圍

位於青森縣和秋田縣之間的十和田湖是典型的二重火山湖，海拔 401 米，周長約 46.2 公里，水深達 326.8 米，湖的深度在日本名列第三。

十和田湖神秘的靛藍色湖面最令人印象深刻，而唯一從湖中流出的河流奧入瀬川也形成了自然形態優美的溪谷。在大自然的恩賜下，十和田湖與奧入瀬溪流成為東北最好的旅遊勝地之一。

湖畔的遊步道是從青森縣的御前濱延伸至秋田縣的桂濱，悠閒地散步其中，享受寧靜的湖畔氛圍，確實是賞心樂事。此外，乙女之像及十和田神社都是遊覽十和田湖時必到的景點。十和田湖一年四季都散發出各種惱人的魅力，秋季楓紅時分的壯觀景色最為美麗。

十和田八幡平国立公園
Towada-Hachimantai National Park
十 和 田 湖
Lake Towada

(1) 由 JR「八戶」駅西口1號巴士站乘搭前往「十和田湖（おいらせ号）」JR 巴士，於終點「十和田湖（休屋）」下車，車程約 2 小時 15 分鐘，車費 ¥2,720。（※ 只在 4 月至 11 月運行，每日只有一班巴士，特定日期每日兩班巴士）

(2) 由 JR「青森」駅東口11號巴士站乘搭前往「十和田湖（みずうみ号）」JR 巴士，於終點「十和田湖（休屋）」下車，車程約 3 小時 10 分鐘，車費 ¥3,140。（※ 只在 4 月至 11 月運行，每日兩班巴士）

由青森、八戶來往十和田湖唯一公共交通 JR 巴士的總站——十和田湖（休屋）。

沿湖畔步道漫步約 10 分鐘，
就到達御前濱。

從十和田湖 (休屋) 向湖畔方向步行 5 分鐘，
就到達湖畔步道。左方是桂濱方向，右方是
御前濱方向。

位於御前濱盡頭的乙女之像，是為紀念十和田湖國立公園
成立 15 周年而建造，是十和田湖的象徵。這是著名詩人
兼雕刻家高村光太郎於 1953 年完成的作品，他以其妻子
智惠子為範本製作這兩位赤裸女性的青銅像，3 年後病逝
後此作品就成為了他的著名遺作。

從乙女之像旁邊步入樹林約 8 分鐘路程，就
到達歷史悠久的十和田神社。據說神社建於
807 年，是一座日本神道教神殿。神社位處
高聳杉木樹林之中，有著莊嚴寧靜的氛圍。

乙女餅 (￥300) 是
十和田湖的名物，
很受小朋友歡迎。

商店街有不少手信店及各式餐廳。

這裡也有幾閒可以觀賞美麗湖景的湖畔餐廳。

走過架於神田川的兩國橋，就由青森縣踏入秋田縣了！

位處秋田縣的桂濱，湖畔景色比御前濱更迷人，很適合散步。

這閒位於桂濱岸邊的「十和田湖珈琲物語」，是最大規模的湖畔咖啡店，也是景觀最優美、最熱鬧的咖啡店。

十和田湖遊覽觀光船

乘坐觀光船展開湖上遊覽之旅，可以欣賞沿岸景色及岩石絕壁，是最能感受十和田湖的魅力。觀光船行程主要分為由休屋往來子之口的航線，以及休屋出發繞湖一周的航線，兩者收費及航程時間一樣。

觀光船規模不小，可容納 500 多名乘客。

觀光船售票處就在 JR 東北巴士總站（十和田湖休屋）旁邊。

📍 青森県十和田市十和田湖畔休屋

📞 +81-176-75-2201（十和田觀光電鐵株式會社）

🕐 4月1日至11月中旬（冬季休息）
8:15-16:15
航線 A：休屋～子之口（單程）(50 分鐘)
航線 B：休屋～休屋（環繞御倉半島、中山半島一周）(50 分鐘)

💰 成人 ¥1,430，小童 ¥720
（特別室附加費：成人 ¥500，小童 ¥250）

🌐 http://www.toutetsu.co.jp/ship.html

置身在清澈美麗的湖水上，欣賞大自然細膩的佳作，好想停留在這忘憂的空間。

接近 220 米高的絕壁千丈幕，感覺非常壯觀。

符さん提提您：

如打算遊覽奧入瀨溪流及十和田湖，謹記購買兩日內無限乘搭「青森・八戶・十和田湖 JR 東北巴士 Free Pass」。

Free Pass 費用：成人 ¥5,000，小童 ¥2,500

購買地點：
(1) 青森駅前 JR 巴士售票處
(2) 八戶駅 NewDays（便利店）
(3) 十和田湖（休屋）
(4) 子ノ口駅售票機
(5) 全國主要便利店（商品編號：0105723）

符さん助您安排行程：

(1) 由八戶乘坐 JR 東北巴士（おいらせ号）前往奧入瀨溪流及十和田湖方向，途中會經過十和田市現代美術館。
(2) 由青森乘坐 JR 東北巴士（みずうみ号）前往奧入瀨溪流及十和田湖方向，途中會經過八甲田纜車站。

唯獨乘坐觀光船才能一覽無遺地觀賞沿岸的景色。

深浦町

Fukaura Town

白神山地

～ 大自然的神秘能量

白神山地是橫跨青森縣和秋田縣約 13 萬公頃廣闊山地的總稱，其中 17,000 公頃（青森縣佔 13,000 公頃）於 1993 年 12 月與鹿兒島的屋久島一起被列為日本第一個世界自然遺產。這裡分佈著世界上最大的、幾乎不受人類污染的原始山毛櫸木林，還有罕見的國家級天然紀念物黑啄木鳥和金鷹等，是具有很高學術價值的動植物棲息地。

十二湖

白神山地的大自然能量一直備受矚目，是愛好遠足人士的天堂。而位於白神山西麓的十二湖，因為青池的名氣，所以是最吸引遊客的景點。

據說這裡因為在江戶時代發生的大地震引起地層下陷，形成了大大小小三十三個湖泊，但由於從大崩展望所只能看到十二個湖泊，因此被總稱為十二湖。十二湖中的青池，湖水呈現出一種特別的青藍色，而且透明度高，能看到沉在湖底的櫸木枯枝，尤其陽光照射湖面的美景最令人著迷。

青藍色的湖水在美麗中帶著神秘的氣息，因此又被稱為「神秘之湖」，一直是遊客前來打卡的熱點，非常受歡迎。

鷄頭場の池

巴士下車後步行往青池途中經過的雞頭場之池，無論深綠或楓紅季節，景色同樣引人入勝。

往青池方向的巴士站，位於 JR「十二湖」駅對面。

📍 青森県西津輕郡深浦町国有林
📞 +81-173-74-4412（深浦町觀光課）
🄲 11月下旬至4月中旬道路封鎖
🌐 http://www.town.fukaura.lg.jp/jyunikonomori/
📖 由 JR 五能線「十二湖」駅前乘搭「十二湖線」弘南巴士，於「奧十二湖駐車場」下車，徒步約6分鐘便到達青池，車程約 15 分鐘，車費 ¥370。（※ 只在4月至11月運行）
十二湖線時間表：http://www.konanbus.com/travel/junilake.html

「十二湖線」巴士終點站為「奧十二湖駐車場」，是位於「森の物產館キョロロ」的前方。物產館內有各式小食、土產及紀念品等售賣，作為小休的地方也不錯。

▲ 王池

▲ 越口之池

由 JR「十二湖」駅前乘巴士於「王池前」下車，車程只須7分鐘。

王池前

符さん有感：
～一小時散策的滿足
（約3公里）

　　老遠來到十二湖，如果只遊覽青池，感覺有點浪費。所以兩次乘巴士來這裡的時候，我都提早在「王池前」下車，從王池開始散步，沿途經過越口之池、十二湖訪客中心、中之池、落口之池、沸壺之池、がま池、雞頭場之池、青池、最後到達森の物產館キョロロ休息和品嘗咖啡後，再到門外乘巴士離開。因為季節的不同，兩次遊覽都有著不同的感受。深綠的喜悅，楓紅的感動，像畫一般的美景，難以忘記。

十二湖訪客中心

▲ 落口之池

翠綠的遊步道

▲ 青池的入口

2 黃金崎不老不死溫泉

～東北的絕景溫泉

深受鐵道迷歡迎的 JR 五能線，沿線散佈著幾處極具魅力的溫泉，其中最具代表性的就是位於深浦町的黃金崎不老不死溫泉。

溫泉的獨特名稱令人印象深刻，但讓這個溫泉聞名的原因是有一個可以欣賞日本海壯麗景色的露天溫泉。這個溫泉建在從海岸到淺水區僅幾步之距的礁石上，日落之時一邊享受金黃色的溫泉，一邊欣賞無邊無際的海岸夕陽美景，是來訪者的最大目的。旅館內還有本館的黃金之湯及新館的不老不死之湯，同樣可欣賞日本海的景色。

這旅館共有 70 多間和、洋式房間，全部都獨佔海景，無論日間的海天一線或黃昏的黃金日落的絕景都盡收眼底。如果打算到十二湖遊覽，不妨也來這裡留宿一天，感受與海岸融為一體的溫泉樂趣。

海天一色的絕景，確實令人著迷。露天溫泉有兩個溫泉池，左方是男女混浴，右方是女性專用。

夕陽下走進海邊的溫泉中，可享受最感動的時刻。

📍 青森県西津輕郡深浦町舮作下清滝 15

📞 +81-173-74-3500

🕐 日歸溫泉：本館黃金之湯 8:00-20:00；新館不老不死之湯 10:30-14:00；海邊露天風呂 8:00-16:00

💰 日歸溫泉：成人 ¥600，小童 ¥300

🏠 一泊二食每位 ¥9,350 起

🌐 https://www.furofushi.com/

📖 (1) 由 JR「十二湖」駅前／「ウエスパ椿山」駅前乘搭「十二湖線」弘南巴士，於「不老ふ死溫泉前」下車，車程約 30 ／ 10 分鐘，車費 ¥470 ／ ¥210。(由青池的「奧十二湖駐車場」上車則需時約 45 分鐘，車費 ¥810。)

(※ 巴士只在 4 月至 11 月運行，而且班次不多，敬請留意。)

(2) JR「ウエスパ椿山」駅下車後，轉乘旅館免費接送巴士，事前必須預約。

旅館的餐廳同樣可欣賞海景，膳食則以海產為主。

旅館提供來往 JR「ウェスパ椿山」駅的免費接送巴士服務，但事前必須預約。

旅館的外觀全貌。

符さん有感：
～見證疫下不死的溫泉

　　近年在日本旅遊時，見證了很多旅遊設施因敵不過新冠疫情的衝擊而倒閉。開業 40 多年的不老不死溫泉，雖然位置偏僻，交通不太方便，但在疫情威脅下仍然屹立不倒。雖則未及疫情前的人流，但館內仍是熱熱鬧鬧的，是疫情以來我見到最多遊人的旅館或酒店，可見它的確有相當的名氣和實力。

旅館正門入口左側，便是「十二湖線」的巴士站。

鶴田町
Tsuruta Town

◀鶴泊 | 五能線 Gonō Line つ-5 | 陸奥鶴田 Mutsu-Tsuruta / 陸奥鶴田 陸奥鶴田 / 港兔爾部 | 五所川原▶ Goshogawara / 五所川原

位於青森縣津輕平原中部的鶴田町，傳說在江戶時代有很多鶴飛來此處，因此街道上到處都可以見到形形色色的鶴的標誌。鶴田町最自豪的景點──「鶴之舞橋」，是使用青森縣出產的檜木所建造的日本第一長檜木造三重拱橋，近年成為了當地人的旅遊熱點。

鶴之舞橋

～ 青森縣人氣新景點

於 1994 年落成，建於津輕富士見湖上的鶴之舞橋，是使用 700 棵樹齡 150 年以上的青森檜木建造而成，全長約 300 米，為日本最長的檜木造三重拱橋。

以岩木山為背景的鶴之舞橋，外觀彷彿鶴展翅飛舞於天空上，倒映在湖上的景色細膩而且相當美麗，特別是日落的時候，夕陽染紅的湖景和鶴之舞橋的景色最令人感動。由於它是一座長木橋，因此也有長壽橋之意，據說跨過木橋是可以延年益壽。自從 2016 年 JR 東日本公司以此為拍攝宣傳海報及廣告後，鶴之舞橋便一舉成名，成為青森縣的一個嶄新景點而大受歡迎。木橋兩岸還有富士見湖公園及丹頂鶴自然公園等設施。

> 木橋拱形的外觀柔和美麗，無論甚麼角度都很吸睛。

在這日本最長的木橋上漫步，欣賞寧靜的湖景，讓人身心舒暢。

「鶴の舞橋」撮影スポット

由木橋對岸步行3分鐘，就到達免費入場的丹頂鶴自然公園。

於對岸最佳位置拍攝的鶴之舞橋，在岩木山的襯托下，可謂一大絕景。

位於湖畔的富士見湖公園，擁有日本首個360度環形滑梯。

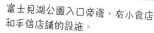

富士見湖公園入口旁邊，有小食店和手信店舖的設施。

符さん有感：

在景點會看到這些柱狀的「愛之募金」木錢箱，是用以收集捐款作為維修木橋及飼養丹頂鶴用途。歡迎各位隨心樂助，小小無拘，讓這美麗的旅遊景點可持續下去。

愛の募金

📍 青森県北津輕郡鶴田町迴堰字大沢 81-150
📞 +81-173-22-2111（鶴田町役場企劃觀光課）
🎫 免費參觀
🌐 鶴田町觀光：http://www.medetai-tsuruta.jp/
🚃 由 JR 五能線「陸奧鶴田」駅乘的士約 6 公里，車程 10 分鐘，車費約 ¥2,200。

つがる市
Tsugaru City

JR 五能線 木造駅

～ 獨特的遮光器土偶歡迎您

つがる市龜岡遺址是從繩文時代後期（約3,000至2,300年前）的聚落遺址。於1887年從遺址當中發掘出土的神秘土偶，因眼睛仿似北方民族在雪地中戴上太陽眼鏡來遮光一樣，故被暱稱為「しゃこちゃん」（遮光器土偶）。其大眼睛及身體的花紋相當精緻，藝術性受到了高度評價，被指定為國家的重要文化財產。由於遮光器土偶是つがる市的象徵，當地甚至在 JR 五能線的木造車站大樓建造了高達17.3米的巨型遮光器土偶，當列車出發或抵達車站時，其眼睛會閃爍發亮，向乘客發出送迎的訊號，非常獨特，為東北百選車站之一。

📍 青森縣つがる市木造房松10
📞 +81-173-42-2110
🚉 JR 五能線「木造」駅下車。

1992年落成的遮光器土偶車站（木造駅），外觀非常觸目。

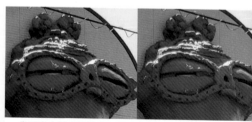

當列車出發或抵達時，眼睛會閃出多種顏色。

符さん有感：

遊覽當天站長得知我特意來參觀這個車站，特別開動遮光器土偶的閃燈讓我觀賞及拍攝，非常感謝站長先生的貼心。

符さん助您安排行程：

十二湖、不老不死溫泉、鶴之舞橋、木造駅，都是 JR 五能線沿線的景點。建議安排兩日一夜行程：首先遊覽十二湖，然後到不老不死溫泉留宿，翌日回程順道遊覽鶴之舞橋、木造駅等，再返回弘前或青森等市區。

JR 五能線 Free Pass

「五能線」普通列車。

「五能線」是連接「秋田」與「青森」兩地的沿海鐵路，途經「十二湖」、「ウエスパ椿山」、「千疊敷」、「木造」、「五所川原」、「陸奧鶴田」、「弘前」、「新青森」等車站，是一條觀光價值極高的路線。持有五能線 Free Pass 的乘客，可以在五能線區間內的車站無限制上下車。此外，只要加購指定席券（¥530）就能乘搭「Resort 白神號」觀光列車。

「五能線」穿行在日本海與世界自然遺產白神山地之間，從車窗遠眺的景色相當迷人。

- 🕐 兩日有效
- 💲 成人 ¥3,880，小童 ¥1,940
- 📍 「五能線」區間的車站或秋田區域 JR 車站的綠色窗口購買
- 🌐 JR 東日本：https://www.jreast.co.jp/akita/gonosen/

五能線「Resort 白神號」

分為綠色的橅（BUNA）、藍色的青池（AOIKE）、橙色的くまげら（KUMAGERA）三種列車的「Resort 白神號」，不僅車廂設計優美，車窗也很大，可無阻隔地觀賞沿途絕景，一直大受好評。全車為指定席，必須事先購票留座。

KUMAGERA 列車的座位很舒適，沿途觀賞美景絕對是一大享受。

橅編成的列車，車廂是使用了秋田的杉木和青森的檜木等沿線木材來建造，設計非常精緻，是最受歡迎的「Resort 白神號」列車，所以經常滿座。

秋田 Akita 縣

乳頭溫泉鄉的秘湯、玉川溫泉的靈效之湯和天然岩盤浴的體驗，實在非常精彩。遊走在秋田市和男鹿半島，處處都能感受到竿燈祭和生剝鬼祭的氛圍，可想而知它們的代表性有多重要。秋田縣是富饒的魚米之鄉，秋田名物米卷鍋、稻庭烏冬及比內地雞等鄉土料理都是令人回味的美食。我特別喜愛秋田縣的鄉土情懷。

交通

① JR 東京駅 → JR 秋田駅
（秋田新幹線，約3小時50分鐘，¥18,460(指定席)）

② 新宿駅西口（小田急ハルク前）・新宿南口（バスタ新宿） →
秋田駅東口（秋田中央交通夜行高速巴士，約8小時35~50分鐘，
¥9,900)

③ 東京駅八重洲南口 → 秋田駅東口
（JR東北夜行高速巴士，約8小時40分鐘，¥8,000起）

④ 秋田空港 → 秋田駅西口
（秋田中央交通 Limousine 巴士，約40分鐘，¥950)

秋田縣公式觀光🌐：https://akita-fun.jp/

Akita City
秋田市

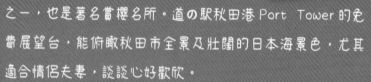

來到秋田市當然最想參與東北三大祭典之一的秋田竿燈祭吧！雖然錯過了舉辦日期，幸好民俗藝能傳承館也能體驗這祭典的魅力。在同一街道上的紅磚鄉土館，是明治時代珍貴的洋風建築物。千秋公園為「日本歷史公園100選」之一，也是著名賞櫻名所。道の駅秋田港 Port Tower 的免費展望台，能俯瞰秋田市全景及壯闊的日本海景色，尤其適合情侶夫妻，談談心好歡欣。

🌐 秋田市觀光活動資訊：https://www.akita-yulala.jp/
秋田中央交通巴士公司：https://www.akita-chuoukotsu.co.jp/
秋田市「中心市街地ぐるる」循環巴士時間表：https://www.akita-chuoukotsu.co.jp/pdf/gururu.pdf

秋田竿燈祭

秋田竿燈祭在每年8月3日至6日舉行,與青森睡魔祭及仙台七夕祭並稱為東北三大祭典。竿燈祭是從江戶時代開始舉行的習俗,旨在驅走睡魔與邪惡,祈願五穀豐收的傳統祭典,是國家重要無形民俗文化財產。

每年的祭典上,多達二百八十根竿燈擠滿了秋田市的竿燈大道上,燈籠火光搖曳下燃亮市街美景,每年都吸引60多萬人參與盛舉,好不熱鬧。竿燈分為「幼若」、「小若」、「中若」及「大若」四種,最巨大的「大若」竿燈高達12米,垂吊著46個燈籠,重達110磅。一串串有如發光稻穗的竿燈,透過表演者的神奇絕技和平衡力,不斷在他們的手掌、肩膀、額頭、腰部等位置來回換位,勁力十足的演出令觀眾拍案叫絕。除了「夜竿燈」的巡遊表演外,每年8月4日至6日還會舉行「晝竿燈」的妙技大會,各持燈手均竭盡所能大顯身手,展現其絕妙的技藝,氣氛相當高漲。

掛上竿燈來裝飾外觀的秋田市民俗藝能傳承館。

① 秋田市民俗藝能傳承館（ねぶり流し館）

於1992年落成的秋田市民俗藝能傳承館，是為了保存與繼承秋田竿燈祭及縣內各地鄉土民俗藝能而開館的設施。館內的重點設施就在一樓的展示廳，可以深入了解竿燈祭、土崎神明社祭、梵天祭等特色外，還有竿燈的示範表演，非常精彩。而最有趣的莫過於體驗竿燈操演的活動區，大人和小朋友都可親身嘗試把玩竿燈的樂趣。在二樓及三樓的展示室裡，設有山谷番樂、黑川番樂、秋田萬歲等地方戲曲人偶的展覽；同時也有鼓樂體驗區，可跟隨職員學習擊鼓的技巧。參觀民俗藝能傳承館的訪客，也可以免費參觀傳承館旁的舊金子家住宅。

📍 秋田県秋田市大町1-3-30
📞 +81-18-866-7091
🕐 9:30-16:30
🅲 12月29日至1月3日
🆔 成人￥100，中學生以下免費
（※ 秋田市立紅磚鄉土館共通券￥260）
🌐 https://www.city.akita.lg.jp/kanko/kanrenshisetsu/1003644/

📖 (1) 由JR「秋田」駅西口徒步約15分鐘。
(2) 由JR「秋田」駅西口10號巴士站乘搭「中心市街地ぐるる」循環巴士，於「ねぶり流し館前」下車，車程約4分鐘，車費￥100。
(3) 由JR「秋田」駅西口6號／7號巴士站乘搭「川尻割山線／新屋線」秋田中央交通巴士，於「通町」或「ねぶり流し館前」下車後徒步約1分鐘，車程約5分鐘，車費￥170。

這裡隨處都可以體驗秋田縣各種鄉土特色的民俗技藝傳統，是旅客來到秋田務必造訪的景點。

鼓樂體驗活動也很受訪客歡迎。

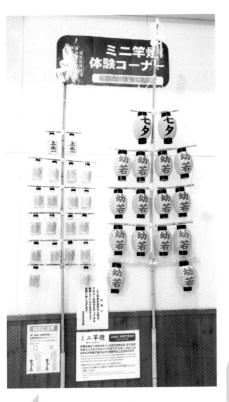

職員除了作出精彩的示範表演外,也指導訪客操作竿燈的技巧。圖中的我以肩瞬成功撐起竿燈,很有潛質。

適合小朋友體驗的「幼若」竿燈,高5米,重量只有11磅。

二樓的展區可參觀各式祭典的人偶及資料。

舊金子家住宅

金子家住宅是保留了江戶時代後期町屋傳統建築風格的珍貴建築，由一棟主樓和一棟土藏組成。金子家在江戶時代後期開始經營當舖和二手服裝店，在明治時代初期亦成為棉織物和麻織物的批發商。這間商店一直經營到1975年，於1996年由業主捐贈給秋田市，翌年被指定為秋田市有形文化財產。

土藏（倉庫）也可以入內參觀，可細看超過百多年歷史的建築。

這裡保留著昭和初期店舖的狀態。

2 秋田市立紅磚鄉土館
(秋田市立赤れんが鄉土館)

建築物的外部以文藝復興時期的風格為基礎，由秋田縣出身的山口直昭所設計，一樓為白色瓷磚，二樓為紅磚，紅白對比鮮明，為市內最具代表性的明治時代洋風建築。

建於1912年的紅磚鄉土館，被指定為國家重要文化財產。它的前身是秋田銀行總行的主樓，後於1981年轉贈予秋田市政府。為保存珍貴的明治時代西洋建築，經過修葺及整備設施後，於1985年作為公眾參觀設施而開館。館內陳列著當地歷史、民俗和工藝美術的展品外，同時也設有木版畫家勝平得之及鍛金師關谷四郎的作品展覽館。

📍 秋田縣秋田市大町3-3-21

📞 +81-18-864-6851

🕐 9:30-16:30

🅲 12月29日至1月3日及展覽替換期間

💴 成人¥210，中學生以下免費（※秋田市民俗藝能傳承館及舊金子家住宅共通券¥260）

🌐 https://www.city.akita.lg.jp/kanko/kanrenshisetsu/1003617/

📖 (1) 由JR「秋田」駅西口徒步約15分鐘。
　　(2) 由JR「秋田」駅西口10號巴士站乘搭「中心市街地ぐる
　　　　る」循環巴士，於「川反入口」下車後徒步2分鐘，車
　　　　程約6分鐘，車費¥100。

舊秋田銀行的內部由東京出身的星野男三郎所設計。這營業大廳以石膏浮雕及木雕裝飾，再使用各種大理石建材，營造出宏偉的氣派。

這間貴賓室的設計亦相當華麗。

館內展出各式各樣秋田市的傳統工藝品。

被譽為人間國寶秋田市出身的鍛金師關谷四郎紀念室。

秋田市出身的著名木版畫家勝平得之紀念館。

③ 秋田市民市場

西口入口

商品種類繁多，環顧市場挑選心頭好，已能營造出有趣的氛圍。

秋田市民市場（西口）的外觀。

📍 秋田県秋田市中通 4-7-35
📞 +18-18-833-1855
🕐 5:00-18:00（各店有異）
Ⓒ 星期日（有臨時休息）
🌐 http://www.akitashiminichiba.com/
🚉 由 JR「秋田」駅西口徒步約 5 分鐘

距離 JR 秋田駅只須 5 分鐘步程的秋田市民市場，位於酒店林立的便利區。館內約有 70 間店舖，售賣各式秋田風味的食材及商品，包括日本海捕獲的新鮮海產、肉類、蔬果、清酒、日用品、特產等，貨品一應俱全。作為「秋田的廚房」，不只家庭主婦及專業廚師前來市場挑選食材，也是遊客購買紀念品的熱門地方。

秋田市民市場不僅可以購物，還可以享受秋田的美食。這裡有多間食店從早上 7 點開始營業，一大清晨便可以品嘗到秋田縣的拉麵、蕎麥麵及自家烘焙咖啡等秋田的味道。

曾有不少明星名人來訪市場並簽名留念，陣容鼎盛。

最鮮味的
品嘗秋田

東北の横綱
秋田市民市場

市場第一壽司
（市場いちばん寿司）

位於秋田市民市場內的市場第一壽司，是市場直接經營的迴轉壽司店，所以能嚴選食材來製造最新鮮的壽司，加上價格便宜，一直廣受歡迎，為市場最具人氣的店舖。

📍 秋田縣秋田市中通 4-7-35 1F B7
📞 +18-18-884-1844
🕐 11:00-21:00
🅒 年中無休（有臨時休息）
🌐 http://www.akitashiminichiba.com/

市場第一壽司的位置就在
中央入口第一間店舖。

4 千秋公園
~櫻花名所 100 選

久保田城跡

千秋公園
ポケットパーク

千秋公園前身為秋田藩主佐竹氏共 12 代歷時 267 年的居所 (1602-1869)──久保田城。由於 1880 年發生火災，城內除了御物頭御番所外，其餘建築物都被焚燬而被廢城。於 1897 年，這裡作為城址公園改造成風景優美的千秋公園，是「日本歷史公園 100 選」之一。園內現存的久保田城表門及御隅櫓都是參照繪圖和文獻資料而重新仿造的。

千秋公園一年四季風景都很美麗，尤其櫻花季節時 800 棵櫻花樹爭相綻放的壯觀絕景，是「日本櫻花名所 100 選」之一。此外，這裡也是賞楓名所，秋季時紅與黃的楓葉交織的美景也極為吸引。

📍 秋田縣秋田市千秋公園 1-1
📞 +18-18-832-5893（千秋公園事務所）
🕐 公園 24 小時開放；御隅櫓・佐竹史料館 9:00-16:30
🅲 公園年中無休；御隅櫓 12 月 1 日至 3 月 31 日；佐竹史料館年末年始休息
💲 公園免費參觀；御隅櫓・佐竹史料館成人同樣 ¥100（中學生以下免費）
🌐 https://www.city.akita.lg.jp/kurashi/doro-koen/1003685/1007159/index.html
🚉 由 JR「秋田」駅西口徒步 12 分鐘

公園的護城河種植了不少荷花。

左方是作為守護久保田城本丸入口的表門，右方則是防衛入侵者的御物頭御番所。

四季絢爛的日式庭園，營造出一份恬靜的美麗風景。

每年 4 月園內 800 棵櫻花漫天飛舞，吸引大量市民和遊客前來賞櫻。

現時的久保田城表門是在 1999 年重建的兩層瓦屋頂式櫓門。

為慶祝秋田市政 100 周年，於 1989 年重建了這座久保田城御隅櫓。

館內陳列著久保田的歷代藩主及佐竹氏的功績等資料。

從御隅櫓的展望樓層可 360 度俯瞰秋田市的景色。

千秋公園內的彌高神社。

佐竹史料館是展示秋田藩與佐竹氏之間歷史淵源的資料，可了解藩政時代統治下的秋田境況。

5 秋田縣立美術館

- 秋田県秋田市中通1丁目4－2
- +18-18-853-8686 /
  +18-18-833-5809
- 10:00-18:00（竿燈祭期間會延長開館時間）
- 不定休
- 成人收費根據展覽內容而定，一般中學生以下免費入場
- https://www.akita-museum-of-art.jp/
- 由JR「秋田」駅西口徒步10分鐘。

美術館以三角形為主題的設計，是出自世界聞名的建築師安藤忠雄之手。

於 1967 年已開館的秋田縣立美術館，是展示秋田市美術狂熱者平野政吉（1895-1989）收藏品的設施。現在的美術館是在 2013 年遷移至此，由著名建築師安藤忠雄所設計，他運用了眺望秋田市中心千秋公園之地理優勢位置，設計出極富魅力的新館。新美術館除了展出世界級畫家藤田嗣治的作品外，還會舉辦各類藝術家的企劃展覽和特別展覽。館內最注目的展品，就是藤田嗣治的傑作——「秋田の行事」，以 365 x 2050 厘米的巨型壁畫表達了秋田四季的生活，為美術館常設的核心展品。

館內的咖啡廳能眺望千秋公園的景色。

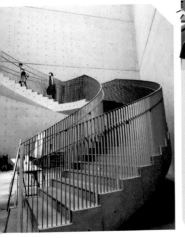

符さん有感：

　　本來沒安排參觀美術館，但因下雨的關係，便去找些室內的活動。就在酒店附近商場的對面，看到不少人走進一所設計獨特的建築物，上前仔細一看，原來是縣立美術館。那麼多人進場的美術館，一定有好看的東西吧！原來大部分人都是為了親睹「秋田の行事」而來的，的而且確這巨型壁畫有著很高的觀賞價值。很高興上天的安排下可以一睹這名畫的氣派，頓時覺得自己的藝術水平都提升了，真滿足。（※ 當天的入場費是 ¥310）

6 道の駅秋田港
Port Tower・Selion
（道の駅あきた港ポートタワー・セリオン）

位於秋田縣中心的道の駅秋田港 Port Tower・Selion，是秋田市唯一的道の駅。總高度達 143 米的 Port Tower，擁有 100 米高的免費展望台，能 360 度無遮擋地欣賞秋田市街景及遼闊的日本海，晴天時還能眺望遠方的鳥海山及男鹿半島，是秋田市唯一能看到全景的景點。展望台也是很多情侶約會的熱點，一邊談心一邊欣賞從藍天到夕陽再到璀璨的夜景，像是守護著許多情侶的幸福。

位於 Port Tower 一樓的 Selion Garden，是大型的購物市場，售賣秋田市當地農民生產的新鮮時令蔬果、稻庭烏冬、橫手炒麵、清酒、各種特產及紀念品等。另外還有各式餐廳，可以在此品嘗海鮮燒烤、海鮮丼及壽司等新鮮美食。

位於 Port Tower 旁邊的 Selion Rista，是一個室內的綠地公園，全玻璃帷幕的設計令採光度充足，營造了一個舒適的自然休憩區。說到道の駅的名物，就是位於 Selion Rista 內超級大人氣的昭和時代「懷舊烏冬．蕎麥麵自動售賣機」。自 2016 年 4 月，佐原商店將這部自動售賣機遷來這裡之後，便隨即受到注目，專程來此回味昔日味道的人一直有增無減，每天都火速售罄。

📍 秋田県秋田市土崎港西 1 丁目 9-1

📞 +18-18-857-3381

🕐 Selion Garden 9:00-17:00；Selion Rista 9:00-17:30；餐廳一般 9:00-16:00；5F 展望台 9:00-21:00

🄲 年中無休

🌐 http://www.selion-akita.com/

📖 (1) 由 JR「秋田」駅西口 4 號巴士站乘搭「Selion 線（セリオン線）」秋田中央交通巴士，於「セリオン前」下車，車程約 25 分鐘，車費 ¥440。

(2) 由 JR 奧羽本線「土崎」駅徒步約 2 公里，需時 25 分鐘。

Port Tower 的展望台，
是秋田市唯一能看到全
景的地方。

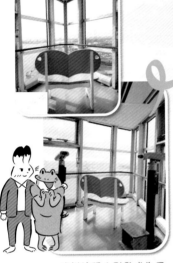

據說這張心型凳成為了
熱門的求婚勝地。

全玻璃帷幕的 Selion Rista 內，
除了種植了多種植物外，還設有
兒童遊樂設施。

位於 Port Tower 一樓的 Selion Garden，
售賣的商品琳瑯滿目。

吃碗醬油味烏冬，重拾昔日的風味。

懷舊烏冬・蕎麥麵自動售賣機，
每天營業時間為 10:00-17:00。

每碗烏冬或蕎麥麵售價 ¥250，投入硬幣後
只須等待 30 秒，製作便完成了！

在 Selion Garden 內，可購買這款和自動售賣
機一樣味道的碗麵（售價 ¥270），將那份懷舊
味道帶回家。

受惠於懷舊自動售賣機爆紅的關係，
也推出了同系列的和風布甸及蛋糕。

秋田名物 Babahera 雪糕

在秋田縣各主要街道上或一些觀光景點，經常會
見到販賣秋田名物 Babahera 雪糕的露天手推車
攤販，據說它已經有 60 多年歷史。Baba 是指年
長的女性，hera 是指金屬製抹刀。由於一般都
是由上年紀的女性作為售賣員，他們會使用抹刀
將雪糕盛滿雪糕筒，所以 Babahera 雪糕因而得
名。雪糕有香蕉及士多啤梨兩種味道，價格只是
¥200，相當受市民歡迎，是秋田縣的特色食品。

在「Selion 前」巴士站附近，遇上了秋田名物
Babahera 雪糕攤販，要支持 Baba 啊，盛惠 ¥200。

7 秋田 MARUGOTO 市場
（秋田まるごと市場）

一樓售賣的商品種類應有盡有，可以挑選各式手信及特產，十分方便。

日語「まるごと」是指全部、完整的意思。顧名思義，2000 年開業的まるごと市場，是一所一應俱全的大型市場。市場樓高兩層，一樓售賣的商品眾多，包括新鮮海產、蔬果、肉類、酒類、玩具、工藝品、紀念品及雜貨等等外，還有幾間提供不同菜式的餐廳。二樓則主要售賣各式新鮮生、熟食品，最吸引之處是幾乎每間小店都提供試食，顧客還未行到店前，店員已熱情地伸出手中美食讓顧客品嘗，現場氣氛熱熱鬧鬧。

📍 秋田県秋田市卸町 2-2-7

📞 +18-18-866-8001

🕐 一般 9:30-19:30；餐廳 11:00-21:00

🅒 年中無休

🌐 http://www.a-marugoto.net/

📖 (1) 由 JR「秋田」駅乘搭「羽越本線」，於 JR「羽後牛島」駅下車後徒步約 10 分鐘，車程約 3 分鐘，車費 ¥150。

(2) 由 JR「秋田」駅西口 9 號巴士站乘搭「御野場団地線」秋田中央交通巴士，於「卸センター入口」下車後徒步約 3 分鐘，車程約 10 分鐘，車費 ¥230。

場內主要提供秋田縣的新鮮海產，亦有小部分來自青森縣。

店員們努力銷售產品，不停向顧客提供試食及解說，很有親和力。

二樓售賣的全是食品，除東北地區之外，也有來自北海道的美食。

各款海膽配搭的海鮮丼相當吸引，一看便想帶走它。

8 秋田市大森山動物園

秋田市大森山動物園

大森山動物園位於自然環境得天獨厚的大森山上，園內飼養了超過 90 多種動物。訪客除了可近距離觀察動物的原始生態外，還可以餵飼及觸摸部分小動物，備受小朋友歡迎。園內亦設有小火車及摩天輪等機動遊戲，也有能將秋田市一覽無遺的展望台。由於這是中學生以下免費入場的設施，所以一直是享受親子樂的好去處。

📍 秋田縣秋田市浜田潟端 154
📞 +18-18-828-5508
🕐 3 月下旬至 11 月 9:00-16:30；1 月中旬至 2 月的星期六、日及公眾假期 10:00-15:00
🅲 12 月 1 日至 1 月上旬及 3 月上旬至中旬
💴 成人 ¥730，中學生以下免費
🌐 https://www.city.akita.lg.jp/zoo/
🚌 由 JR「秋田」駅西口 7 號巴士站乘搭「新屋線／大森山動物園方向」秋田中央交通巴士，於終點站下車，車程約 36 分鐘，車費約 ¥510。

待さん助您安排行程：

(1) 秋田市民俗藝能傳承館與秋田市立紅磚鄉土館的距離約 500 米，徒步約 5 分鐘。

(2) 秋田縣立美術館與千秋公園入口的距離約 400 米，徒步約 4 分鐘。

仙北市

Semboku City

位於秋田縣東部的仙北市，擁有多個知名的旅遊景點。角館作為「陸奧小京都」的歷史名鎮，也是著名的賞櫻勝地，四季魅力常在。日本最深的湖泊──田沢湖，有著如詩如畫的神秘之美。全國最受歡迎秘湯之一的乳頭溫泉鄉，能享受山林間泡湯的至高境界。玉川溫泉是日本一的湯治溫泉勝地，附近的天然岩盤浴能體驗大自然的巨大能量，錯過了可能會後悔。

🌐 仙北市觀光情報：https://www.city.semboku.akita.jp/sightseeing/index.html

🚃 羽後交通：https://ugokotsu.co.jp/

角館～
陸奧小京都

角館有「陸奧小京都」之美譽。約在 2 公里的區域內，保留著許多武家屋敷等昔日的遺跡，是日本重要傳統建築物群保存地區。街道兩旁歷經多年的巨大古樹，為這小鎮增添了色彩，尤其茂密的垂枝櫻，是指定的天然紀念物而聞名全國。

從踏出角館駅漫步遊覽景點開始，已讓人感受到城鎮優雅的氛圍。春天的垂枝櫻，夏天的翠綠，秋天的紅葉，冬天的雪景，造就了角館四季的魅力。

古雅風情的街道兩旁，樹木色彩多變，與黑板圍牆的對比呈現出歷史之美。

角館的櫻花非常有名氣，每年 4 月中下旬櫻花爭相盛放，花海美景震撼人心。

乘坐人力車細賞沿路景色，更能感受懷舊風情。

📍 秋田県仙北市角館町
📞 +81-187-54-2700（仙北市觀光情報中心—「角館駅前蔵」）
🌐 https://tazawako-kakunodate.com/ja/
🚃 (1) JR 秋田駅 → JR 角館駅
　　（秋田新幹線，約 45 分鐘，¥3,270（指定席））
(2) JR 田沢湖駅 → JR 角館駅
　　（JR 田沢湖線，約 20 分鐘，¥330）
(3) 田沢湖駅前 → 伝承館入口
　　（角館.田沢湖線羽後交通巴士，約 31 分鐘，¥580）
(4) 田沢湖駅前 → 角館駅前
　　（角館.田沢湖線羽後交通巴士，約 39 分鐘，¥580）

JR 角館駅。

角館櫻皮細工中心，售賣各種手工一絕的櫻皮傳統工藝品。

在古式建築中品嘗稻庭烏冬、比內地雞親子丼及鄉土料理等地道美食，別具風味。

生於 2014 年的秋田犬「武家丸」，大受訪客喜愛。

1 安藤釀造

創立於 1853 年的安藤釀造，努力保留著代代相傳的傳統味道，是角館有名的醬油老字號。店舖售賣的各種味噌、醬油及漬物等都大受歡迎。紅磚外觀的倉庫是東北地區最古老的倉庫，為仙北市指定有形文化財產。

📍 秋田縣仙北市角館町下新町 27
📞 +81-187-53-2008
🕗 8:30-17:00
🅲 不定休
🌐 https://www.ando.jyozo.co.jp/
🚆 由 JR「角館」駅徒步約 12 分鐘。

2 角館樺細工傳承館

角館的傳統工藝「樺細工」，是指使用山櫻樹皮製作的工藝技術，已有 230 年歷史。由於樹皮的紋和狀態都不同，所以製作出來的每件作品無論質感或樣貌都是獨一無二的，是樺細工最吸引之處。於 1978 年開館的角館樺細工傳承館，是弘揚樺細工傳統工藝及振興當地旅遊的設施。館內設有工藝、文化和歷史資料的展示室外，也可觀賞工匠製作樺細工的精湛技藝。

為傳承傳統工藝技術，卻刻意建造出富現代感的外觀，令樺細工傳承館在角館的古風建築群中突圍而出。

📍 秋田県仙北市角館町表町下丁 10 − 1
📞 +81-187-54-1700
🕐 4 月至 11 月 9:00-17:00；12 月至 3 月 9:00-16:30
🅲 12 月 28 日至 1 月 4 日
🌐 https://tazawako-kakunodate.com/ja/
💲 成人 ¥300，小 / 中學生 ¥150，6 歲以下小童免費（※ 平福紀念美術館共通券：成人 ¥520，小 / 中學生 ¥260）
🌐 https://www.city.semboku.akita.jp/sightseeing/densyo/
🚇 由 JR「角館」駅徒步約 20 分鐘

物產展示室有各式各樣樺細工的工藝品出售。

工匠現場示範製作樺細工的過程，每個步驟既複雜又精密，超凡技藝令人佩服。

資料展示室主要展出武家盔甲、打掛展及古代文獻等具歷史價值的展品。

3 平福紀念美術館

📍 秋田県仙北市角館町表町上丁 4-4

📞 +81-187-54-3888

🕐 4 月至 11 月 9:00-17:00；12 月至 3 月 9:00-16:30

🅒 12 月 28 日至 1 月 4 日及 12 月至 3 月的每逢星期一

🎫 成人 ¥300，小／中學生 ¥200，6 歲以下小童免費（※ 角館樺細工傳承館共通券：成人 ¥520，小／中學生 ¥260）

🌐 https://www.city.semboku.akita.jp/sightseeing/hirafuku/

🚃 由 JR「角館」駅徒步約 25 分鐘

於 1988 年開幕的美術館，是紀念角館町出身的日本近代畫大師平福百穗及其父平福穗庵的成就而開館。常設展覽室展出平福氏的作品；而企劃展覽室則舉辦各種活動，包括平福氏的門生及當地畫家的作品展覽。

📍 角館武家屋敷

📍 秋田県仙北市角館町表町、東勝楽丁

🌐 https://www.city.semboku.akita.jp/sightseeing/spot/07_buke.html

🚃 (1) 由 JR「角館」駅徒步 15 至 20 分鐘。
(2) 乘搭「角館.田沢湖線」羽後交通巴士，於「伝承館入口」下車。

1620 年由統治角館地區的蘆名義勝建造的角館街道，後來作為秋田藩佐竹北家的城下町而繁榮起來。在角館町裡約 600 米長的道路兩旁，仍保留著各種不同的武士宅邸群（武家屋敷），是日本重要傳統建築物群保存地區。現存有六間武士宅邸對外開放，分別是小田野家、河原田家、岩橋家、松本家、角館歷史村青柳家和石黑家，全都按昔日風貌留存至今，當中三間是免費參觀。

4 小田野家（仙北市指定史跡）

小田野家族世世代代以武術而聞名。現存的小田野家是1900年大火後重建的，前院在秋葉等樹木上種植了山白竹等植物，採用京都庭園的傳統種植方法，呈現出江戶時代後期的武士宅邸風格。

📍 秋田県仙北市角館町東勝楽丁10
🕐 4月10日至11月30日 9:00-17:00
💰 免費

5 河原田家（仙北市指定史跡）

經過四年的修復工序後，河原田家於2021年4月開始作公開參觀。河原田家的祖先在關原之戰後遷居角館，成為蘆名氏的重臣，及後侍奉佐竹北家。明治時代後期，第十六代當家河原田次重以自己的財產從事水力發電事業，為該地區的發展作出了貢獻。現在的屋敷建於1891年，由四個房間組成的主屋是典型的角館武士宅邸。

河原田家的正門入口。

秋田県仙北市角館町東勝楽丁9

+81-187-55-1500

9:00-17:00

年末年始

成人 ¥300・小/中學生 ¥150

由四個房間組成的主屋尚算寬敞，可欣賞庭園的景色。

庭園種植了垂枝櫻、山白竹、赤松及杜鵑等多種植物。

「米藏」即是存米的倉庫，現作為展覽室展示河原田家的物品。

6 岩橋家（秋田縣指定史跡）

岩橋家的祖先本為蘆名氏的家臣，及後納於佐竹北家旗下，一直服役到廢藩為止。這間宅邸在江戶時代末期進行了改建，現在的茅草屋頂是當時重新鋪蓋的。作為角館的中級武士宅邸，岩橋家明顯比較簡約，但間隔結構仍保留著典型的風貌。

📍 秋田県仙北市角館町東勝楽丁 3
🕐 4 月 10 日至 11 月 30 日 9:00-17:00
💰 免費

7 角館歷史村・青柳家
（秋田縣指定史跡）

擁有 400 年歷史的青柳家，是角館最具代表的武家屋敷。佔地超過 9,000 平方米的宅邸內，有主屋、武器庫、秋田鄉土館、武家道具館及時代體驗屋等多個不同的展覽設施，共展出 5 萬件珍貴的秘藏品。作為佐竹氏的忠實家臣，青柳家在藩內的功績一直受到了高度評價，因此於 1860 年獲准設立只有上級武士才被允許建造的藥醫門，突顯出當時青柳家的非凡地位。

青柳家的主屋保存著 200 年前的樣貌，仍然散發出武家的凜嚴氣派。

擁有高雅格調的藥醫門是青柳家的驕傲，也是角館武家屋敷的象徵。

傳達簡樸農村生活的秋田鄉土館，可感受到東北地區人們的生活風貌。

武器庫內展出青柳家代代相傳的物品，如兵器、盔甲、刀劍及重要文獻等。

道具館展出各種武家器具，可了解當時武士生活的模式。

時代體驗屋可讓訪客親身嘗試戴上頭盔及抬轎等體驗，很有趣味。

📍 秋田県仙北市角館町表町下丁3
📞 +81-187-54-3257
🕐 4月至11月 9:00-17:00；
　　12月至3月 9:00-16:00
Ⓒ 年中無休
💲 成人 ¥500，中學生 ¥300，小學生 ¥200
🌐 http://www.samuraiworld.com/

廣闊的庭園內滿栽四季花草，隨著季節變化展現出不同的色彩。

8 石黑家（仙北市指定史跡）

作為佐竹北家的家臣，石黑家主要擔任財務管理等高級職務，職位世代相傳，直到明治時代後成為地主。根據家族的傳記，他們的祖先於1853年向蓮沼七左衞門購買此屋作為居所，當時建築物的圖紙仍保存至今，與現在的主屋部分幾乎相同。石黑家是角館現存最古老的武士宅邸，雖然經過歲月的洗禮，但依然完好地保存下來。

石黑家的主屋是現存武士宅邸中最古老的，約有210年歷史。

石黑家是唯一仍有家族後代繼續居住的武士宅邸。他們致力管理著主屋作為對公眾開放，向訪客解說宅邸及家族的歷史部分很受歡迎。

📍 秋田県仙北市角館町表町下丁1
📞 +81-187-55-1496
🕐 9:00-17:00
🅲 年中無休
💰 成人 ¥400，小/中學生 ¥200
🌐 http://www.hana.or.jp/~bukeishi/

9 檜木內川堤～東北賞櫻勝地

於1934年為紀念上皇的誕生而種植了400棵吉野櫻花樹，是國家指定風景名勝區，亦與武家屋敷通一起被選為「日本櫻花名所100選」之一。沿河兩公里的櫻花隧道十分壯觀，夜晚的櫻花映襯著清澈的溪流也十分浪漫。

📍 秋田県角館町小勝田中川原、北野
🌐 https://www.city.semboku.akita.jp/sightseeing/spot/07_someiyoshino.html
🚃 由JR「角館」駅徒步約15分鐘

田沢湖～
神秘之湖

位於秋田縣中東部的田沢湖，是風景如畫的寶藍色淡水湖，水深達423.4米，是日本最深的湖泊。它的周長約20公里，形狀近乎圓形一樣，好像一面巨大的鏡子映照出周圍群山的美景。櫻花、新綠、楓紅和白雪與神秘的湖泊交織出四季的壯麗景色，令人難忘。田沢湖的「辰子姬傳說」流傳至今，矗立在湖中閃閃金光的辰子像成為了田沢湖的象徵。

※ 日本三大最深湖泊：秋田縣田沢湖（水深423.4米）、北海道支笏湖（水深363米）和青森縣十和田湖（水深326.8米）。

📍 秋田県仙北市田沢湖田沢
📞 +81-187-43-2111（田沢湖觀光情報中心）
🌐 https://tazawako-kakunodate.com/ja/

「田沢湖」駅

「田沢湖」駅是前往多個仙北市景點的重要交通樞紐。位於駅前的巴士總站，可乘搭前往角館、田沢湖畔一周、乳頭溫泉鄉、玉川溫泉及八幡平等路線的巴士。駅內的田沢湖觀光情報中心，除了提供觀光資訊外，也可在此購買各種巴士乘車券。

交通：
(1) JR秋田駅 → JR田沢湖駅（秋田新幹線，約1小時，¥3,620(指定席)）
(2) JR角館駅 → JR田沢湖駅（JR田沢湖線，約20分鐘，¥330)

田沢湖畔一周觀光紀念乘車券

於 JR「田沢湖」駅前乘搭「田沢湖一周線」羽後交通巴士，便可遊覽田沢湖的主要景點。如打算繞湖一周遊覽，建議在田沢湖駅內觀光情報中心的巴士案內所購買比較划算的「湖畔一周乘車券」。乘車券只限當天有效，票價¥1,210。巴士會在沿途的「潟尻」及「御座の石神社前」分別停留20及10分鐘時間，方便乘客下車參觀及拍照。如想在景點逗留多一些時間，可乘搭下一班約兩小時後的巴士。

1 辰子像（たつこ像）

傳說一位名叫辰子的美女，因為希望永遠能保持年輕貌美而向大藏觀世音菩薩祈禱百日百夜。觀世音菩薩被辰子的誠意所感動，指示辰子去喝在北邊湧出來的泉水。辰子沿著森林的路向前走，就在岩石之間發現了清澈的泉水，她高興地用雙手捧水而喝，怎料愈喝愈渴喝個不停，最後把泉水喝光了的辰子卻變成了一條巨龍，沉入了田沢湖底的深處，成為守護田沢湖的主人。

在湖邊依據傳說打造的金黃色辰子像，是岩手縣著名雕刻家舟越保武於1968年5月製成的作品，作為最廣為人知的田沢湖地標，是最多遊客前來拍照的景點。

在湛藍的湖水映襯下，金色的辰子像格外耀眼。

📍 秋田県仙北市西木町西明寺潟尻
🕐 24 小時
🚌 由 JR「田沢湖」駅前乘搭「田沢湖一周線」羽後交通巴士，於「潟尻」下車後徒步1分鐘，車程約30分鐘。

2 漢槎宮（浮木神社）

位於辰子像旁邊的漢槎宮，是一座全木建造的神社。這裡的祭神是潟尻明神，據說是祭祀一個曾漂流在湖面的巨大浮木，所以又稱為「浮木神社」。神社前種植了幾棵櫻花樹，櫻花盛放下的神社又呈現出另一番美感。

📍 秋田県仙北市田沢湖潟字一の渡 226
🕐 24 小時

3 御座石神社

神社的名字是源自秋田藩主佐竹義隆在1650年造訪田沢湖之時，曾坐在一顆石頭上休息而得名。供奉著湖神辰子的御座石神社，據說來參拜也可如辰子般美麗動人。神社的紅色大鳥居建在湖邊非常奪目，是田沢湖很受歡迎的打卡熱點。

📍 秋田県仙北市西木町桧木内相内潟1

🕐 24小時

🚌 由「潟尻」乘搭「田沢湖一周線」羽後交通巴士，於「御座の石神社前」下車後徒步1分鐘，車程約10分鐘。

4 田沢湖畔

田沢湖畔有多間餐廳和手信店鋪，是作為遊覽時小休的好地方。這裡也是交通中心點，無論「田沢湖一周線」、「乳頭溫泉線」及「玉川溫泉・八幡平線」的巴士都途經這裡，非常方便。同時，遊覽船售票處亦設在此，乘船碼頭則在巴士站對面的白浜沙灘。

「田沢湖畔」巴士站附近有多間餐廳，可品嚐拉麵、鄉土料理及稻庭烏冬等美食。

📍 秋田県仙北市田沢湖田沢春山148

🚌 由JR「田沢湖」駅前乘搭「田沢湖一周線」羽後交通巴士，於「田沢湖畔」下車，車程約12分鐘。（由「御座の石神社前」上車則需時9分鐘。）

5 田沢湖遊覽船

「田沢湖畔」巴士站對面就是白浜沙灘及遊覽船碼頭。

乘坐遊覽船在神秘之湖上欣賞四周的景色是一大樂趣。遊覽船有三個航路選擇，包括白浜至白浜（經潟尻）一周航路（航程 40 分鐘）、白浜至潟尻（航程 22 分鐘）及潟尻至白浜（航程 16 分鐘）。

在白浜沙灘也可乘坐小艇及欣賞浪漫的日落湖景。

📞 +81-187-43-0274
（田沢湖 Rest House）

🕐 每年 4 月下旬至 11 月上旬
9:00-16:40

💰 白浜至白浜 ¥1,220；
白浜至潟尻 ¥760；
潟尻至白浜 ¥520
（※ 小童收費半價）

🌐 https://tazawako-
resthouse.jp/yuransen-2

乳頭溫泉鄉~
充滿秘湯氛圍的溫泉鄉

位於乳頭山山麓的乳頭溫泉鄉，是日本最受歡迎的秘湯之一。乳頭溫泉鄉共有7間溫泉旅館，分別是鶴の湯、妙乃湯、黑湯溫泉、蟹場溫泉、孫六溫泉、大釜溫泉及休暇村乳頭溫泉鄉。旅館分別擁有各自的源泉，而且超過十多種泉質，相當豐富。在源源不絕的泉水和周圍環繞著山毛櫸和樺樹的山間中泡湯，幽靜的環境讓人得到極高的享受。

秋田縣仙北市田沢湖田沢、田沢湖生保內

由JR「田沢湖」駅乘搭「乳頭線」羽後交通巴士到各旅館

http://www.facebook.com/nyutoonsen/

温泉巡遊帖 （湯めぐり帖）

如想徹底地享受乳頭溫泉鄉 7 間旅館的獨特秘湯，只要入住其中一間旅館，購買 ¥1,800 住客限定的「溫泉巡遊帖」，便可在一年內無限乘搭穿梭 7 間旅館的「溫泉巡遊號」（湯めぐり号）巴士，享受各旅館一次的溫泉入浴。

溫泉巡遊地圖（湯めぐりマップ）

「溫泉巡遊號」巴士。

如打算當日來回的遊客，也可在任何一間旅館購買 ¥600 的「溫泉巡遊地圖」乘車券，便可在當天內無限乘搭「溫泉巡遊號」巴士。

① 鶴の湯溫泉

入湯券售賣處。

乳頭溫泉鄉中最古老的鶴の湯溫泉，開館至今已超過300年歷史。據說這裡的溫泉有很好的療效，是秋田藩主的湯治溫泉勝地，當年的茅草屋頂「本陣」仍保存至今，有著濃厚的傳統日式建築氛圍。旅館內有四種不同泉質的源泉，每一種都有不同的療效，其乳白色的泉水最令人印象深刻。鶴の湯溫泉一年四季都吸引著來自全國各地尋找秘湯的人來造訪，是乳頭溫泉鄉中最知名的旅館。

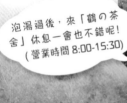

泡湯過後，來「鶴の茶舍」休息一會也不錯呢！（營業時間 8:00-15:30）

秘湯、楓葉和日式古風情懷，將「享受」推至最高境界。

🏷 秋田県仙北市田沢湖田沢字先達沢国有林 50
📞 +81-187-46-2139
🕐 日歸溫泉：10:00-15:00（※ 逢星期一不可使用露天風呂）
💲 日歸溫泉：成人 ¥600，小童 ¥300
🏠 一泊二食每位 ¥9,830 起
🌐 http://www.tsurunoyu.com/

旅館提供往來「アルパこまくさ」的免費接送服務，但必須預早通知旅館您所乘搭羽後交通巴士的班次時間作出安排。

🚌 (1) 由 JR「田沢湖」駅乘搭「乳頭線」羽後交通巴士，於「アルパこまくさ」下車，車程約 34 分鐘，車費 ¥630。（由「田沢湖畔」上車則需時 22 分鐘，車費 ¥520。）再轉乘旅館免費接送巴士，車程約 15 分鐘。（※ 到達田沢湖駅後，必須致電旅館安排接送服務。）

(2) 由 JR「田沢湖」駅乘搭「乳頭線」羽後交通巴士，於「鶴の湯溫泉入口」下車，車程約 38 分，車費 ¥730。（由「田沢湖畔」上車則需時 26 分鐘，車費 ¥610。）下車後徒步約 3 公里，需時 45 分鐘（冬天下雪不宜步行）。

② 妙乃湯

於1952 年開館的妙乃湯，雖然只有 70 年歷史，但在乳頭溫泉鄉中卻有相當大的名氣。這裡有金之湯和銀之湯兩種泉質不同的源泉，療效有同樣高度的評價。旅館沿溪流而建，在大自然的環抱下，潺潺的流水聲陪伴著享受秘湯的時光，幸福感滿載。旅館內的裝飾擺設很精緻，擁有高雅的日式氛圍，是深受女性歡迎的溫泉旅館。

妙乃湯的鄉土料理廣獲好評，稻庭烏冬口感也很細膩（¥1,320）。餐廳午膳營業時間：11:30-14:00。
※ 日本三大烏冬：秋田縣的「稻庭烏冬」、香川縣的「讚岐烏冬」及群馬縣的「水沢烏冬」。

📍 秋田県仙北市田沢湖生保内字駒ヶ岳 2-1
📞 +81-187-46-2740
🕙 日歸溫泉：10:30-14:50
💰 日歸溫泉：成人 ¥800，小童 ¥400
🅲 日歸溫泉：星期二
🏠 一泊二食每位 ¥18,000 起
🌐 https://taenoyu.com/
🚌 由 JR「田沢湖」駅乘搭「乳頭線」羽後交通巴士，於「妙乃湯溫泉前」下車，車程約 45 分鐘，車費 ¥840。（由「田沢湖畔」上車則需時約 33 分鐘，車費 ¥680。）

妙乃湯位處溪流旁邊，可欣賞四季不同的溪流美景。

3 大釜溫泉

　原址的溫泉旅館於 1977 年被大火燒毀後，善用縣內一所小學的舊建材來重建了獨具特色的旅館，精心保留了木造校舍的觀感，洋溢著懷舊的風格。旅館外設有乳頭溫泉鄉唯一的免費足湯設施，但冬季停止提供服務。

大釜溫泉名物 — 免費足湯。

📍 秋田県仙北市田沢湖田沢字先達国有林
📞 +81-187-46-2438
🕐 日歸溫泉：9:00-16:30
💲 日歸溫泉：成人 ¥600，小童 ¥300
🏠 一泊二食每位 ¥11,150 起
🌐 http://ookama-onsen.jp/
📖 由 JR「田沢湖」駅乘搭「乳頭線」羽後交通巴士，於「乳頭溫泉」下車，車程約 45 分鐘，車費 ¥840。（由「田沢湖畔」上車則需時約 33 分鐘，車費 ¥680。）

4 蟹場溫泉

　位於深山隱秘之處的蟹場溫泉，因為附近的沼澤中棲息著許多螃蟹而被命名。蟹場溫泉的泉水量相當豐富，是乳頭溫泉鄉少見的無色透明美肌之湯，其中被山林環抱的露天混浴溫泉最廣受歡迎。

📍 秋田県仙北市田沢湖田沢先達沢国有林
📞 +81-187-46-2021
🕐 日歸溫泉：9:00-16:30
💲 日歸溫泉：¥600
🏠 一泊二食每位 ¥12,100 起
🌐 https://ganibaonsen.com/
📖 由 JR「田沢湖」駅乘搭「乳頭線」羽後交通巴士，於終點「乳頭蟹場溫泉」下車，車程約 48 分鐘，車費 ¥840。（由「田沢湖畔」上車則需時約 36 分鐘，車費 ¥680。）

玉川溫泉 ~ 引以為傲的日本—

靈效之湯

玉川溫泉位於橫跨秋田縣和岩手縣邊界的八幡平的秋田一側，是一所山中的溫泉旅館。它有別於其他的溫泉區和觀光景點，是以治療和療養為目的的溫泉旅館。玉川溫泉的泉水是無色透明pH值為1.2的強酸性溫泉，源泉溫度高達98度，從單一出水口湧出的溫泉量每分鐘多達9000公升，是日本全國溫泉量第一、強酸性第一的溫泉。這裡的泉水含有硫磺氣味和微量鐳放射線的特別泉質，可望改善許多痼疾和提高症狀的治癒能力，所以被稱為「靈效之湯」而聞名全國。

旅館的男女大浴場內，各有高溫泉、低溫泉、擊打泉、寢泉、氣泡泉及蒸氣泉等十一種木造溫泉池及設施，選擇多而又有不同的療效。而室內岩盤浴對促進血液循環效果顯著，亦大受歡迎。作為日本一的湯治溫泉勝地，長期吸引著來自全國各地為治療或養生為目的的訪客。因冬季晝施道路封閉，旅館每年十一月下旬至翌年四月中旬暫停營業。

距離玉川溫泉幾分鐘步程的八幡平國立公園內，有一條玉川自然研究路，可以一邊散步一邊感受大地之氣息。

玉川溫泉的正門入口。

旅館附設的商店，除了可購買住宿時所需要的商品外，還有草蓆及毛毯等岩盤浴所需用品出售。商店營業時間：8:00-17:00。

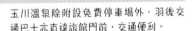

玉川溫泉除附設免費停車場外，羽後交通巴士亦直達旅館門前，交通便利。

📍 秋田県仙北市田沢湖玉川渋黒沢
📞 +81-187-58-3000
🕐 4 月下旬至 11 月下旬
🕐 日歸溫泉：10:00-15:00
💲 日歸溫泉：成人 ¥800，小童 ¥400
🏠 一泊二食每位 ¥10,780 起
C 11 月下旬至 4 月中旬
🌐 https://www.tamagawa-onsen.jp/
🎙 由 JR「田沢湖」駅乘搭「玉川線・八幡平線」
　 羽後交通巴士，於「玉川溫泉」下車，約 1 小
　 時 15 分鐘，車費 ¥1,490。（由「田沢湖畔」上
　 車則需時約 1 小時 04 分鐘，車費 ¥1,390。）

旅館附設的大型足湯。

玉川自然研究路

位於十和田八幡平國立公園內的玉川自然研究路，全長1公里，繞圈散步一周只須30分鐘，是免費的自然景點。這裡可以近距離看到硫磺噴口源源不絕的熱湯，濃密的蒸氣籠罩著四周形成煙霧瀰漫的景象，置身其中能體會到大自然的巨大能量。這裡最大的特色是能夠享受天然岩盤浴，因含有微量的輻射能與大量的負離子，已被認定具有促進新陳代謝與鎮痛的功效，所以吸引很多專程來享受岩盤浴的訪客。

自然研究路為整備完善的步道，輕輕鬆鬆漫步其中，樂趣無窮。

北投石

「北投石」是台灣北投溫泉首次發現非常稀有的放射性溫泉礦物，而玉川溫泉是日本全國唯一發現有北投石的地方，學術價值極高，被指定為特殊天然紀念物。據說北投石可增強身體機能，活化細胞組織，對健康有著正面的影響。

作為日本一強酸性源泉的「大噴」，噴出的泉水溫度高達98度，湧水量每分鐘多達9,000公升，像一條河流般流動，在現場親歷這奇景，不得不讚嘆大自然的超能量。

在兩間岩盤浴小屋內，可以見到許多人躺睡在北投石上，利用岩盤所散發出的地熱來溫暖身體，促進血液循環，以達致強身健體。

玉川藥師神社

天然岩盤浴的小屋是玉川自然研究路中最熱鬧的地方。

符さん提提您：

由於岩盤浴場地不提供租借用品，請自備草蓆、毛巾被、枕頭（或替代品）、毛巾及補充水分的飲料等，並穿著輕便衣服。

使用岩盤浴時，先用草蓆鋪在岩石上並躺下，再用毛巾或毯子蓋在身上，防止熱量散失，並需要不時轉動身體以防止低溫燙傷。每日使用岩盤浴最多一至兩次，每次30至40分鐘便足夠。

符さん有感：

對我來說，溫泉不但可以消除疲勞，而且也可忘憂。每次到日本旅遊我都會入住當地的溫泉旅館，也會努力尋找隱世秘湯享受一番。今次來到玉川自然研究路，不但可以初嘗天然岩盤浴來體驗大自然的能量，還能入住玉川溫泉享受日本一的「靈效之湯」，實在大開眼界兼且大感暢快。唯一不足的是，我應該安排在此多住兩天，相信對我多年身體上一些痛症有莫大裨益。如能再來東北，我一定會再來玉川溫泉。它名副其實是我的「養生之湯」。

符さん助您安排行程：

如打算徹底暢遊仙北市的主要景點，至少安排三日兩夜。第一天早上遊覽角館，下午展開田沢湖一周遊後，於田沢湖畔乘搭「乳頭線」巴士入住乳頭溫泉鄉的旅館。第二天可購買「溫泉巡遊帖」以享受其他旅館的秘湯，或直接到田沢湖畔乘搭「玉川線」巴士往玉川溫泉，遊覽玉川自然研究路及一嘗天然岩盤浴，傍晚入住玉川溫泉享受「靈效之湯」。

Oga Peninsula
男鹿半島

男鹿半島位於秋田縣的西部，是日本國內具有人氣的觀光地區。這裡的生剝鬼傳説古怪奇特卻聞名全國，長期吸引著訪客前來生剝鬼館及男鹿真山傳承館，就是為了感受這怪異的傳統風俗。真山神社的千年古樹，令人讚嘆大自然賦予頑強的生命力。入道崎的黃金日落與潮瀨崎的奇岩異石等，自然景觀相當豐富。

於 2018 年 7 月 1 日開幕的 JR 男鹿駅全新面貌。

 JR 秋田駅 → JR 男鹿駅（JR 男鹿線，約 55 分鐘，¥770）

🌐 男鹿市公認觀光情報局：https://oganavi.com/

「生剝鬼 Shuttle」乘車處的標記。

男鹿半島共乘計程車 「生剝鬼 Shuttle」

（男鹿半島あいのタクシー なまはげシャトル）

男鹿市設有「生剝鬼 Shuttle」共乘計程車，穿梭男鹿半島的主要觀光景點，以方便旅客遊覽。行駛路線由男鹿駅出發，前往生剝鬼館、男鹿真山傳承館、真山神社、男鹿水族館 GAO、男鹿溫泉鄉及入道崎等。班次時間會不定期更新，計劃行程時務必瀏覽網站。共乘計程車是完全預約制，在乘車前一天下午 5 時前致電或晚上 9 時前登入網站預約便可，即使 1 人也可乘車。收費按每程路線計算，由 ¥1,100 至 ¥2,500 不等。

📞 +81-185-24-2100
🕐 9:00-17:00
🅲 年中無休
💲 單程 ¥1,100 至 ¥2,500
🌐 https://oganavi.com/ namahage_shuttle/ja/

「生剝鬼 Shuttle」巴士 （なまはげシャトルバス）

「生剝鬼 Shuttle」巴士只在每年大約 4 月下旬至 9 月下旬的星期六、日及公眾假期行駛，而路線、班次及收費與共乘計程車相同，但無須預約也可搭乘。而且可購買「2 日無限乘車券」，對於遊覽多個景點的旅客來說，節省不少車費。

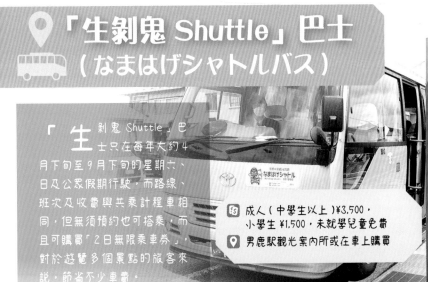

💲 成人（中學生以上）¥3,500，小學生 ¥1,500，未就學孩童免費
📍 男鹿駅觀光案內所或在車上購買

3 のりば

なまはげシャトル
Namahage Shuttle

「生剝鬼 Shuttle」男鹿駅乘車處位於駅前的 3 號巴士站。

生剝鬼傳說・生剝鬼祭

傳說古時男鹿半島有五隻惡鬼在村裡放肆作惡，掠奪農作物及村內的少女，村民們不堪其害，於是想出跟五鬼立約，若然五鬼可於一夜間建成千段石階至五杜堂便將少女們獻上，若無法完成便要離開村莊。當五鬼建到第 999 段石階時，村民趁機模仿清晨的雞啼，令五鬼誤以為天亮事敗而慌忙逃走，從此不再出現。

這個傳說演變成每年 12 月 31 日於男鹿全地區舉行的儀式——生剝鬼祭。每年最後一天的深夜，戴著魔鬼面具、身穿稻草衣的生剝鬼，舉止粗暴地造訪逐家逐戶，告誡他們要努力工作、用功學習及舉家和睦等。時至今日，生剝鬼也被流傳是為了祝福新年而來造訪的神仙，目前在男鹿市約有 90 個聚落保持著這個儀式。這個古老傳統民俗儀式，於 1978 年被指定為日本重要無形民俗文化財產，並且在 2018 年以「來訪神：面具・裝扮的眾神」的一部分，被列入聯合國教科文組織無形文化遺產。

生剝鬼柴燈祭典

每年 2 月的第二個周五至周日在真山神社舉行為期 3 天的「生剝鬼柴燈祭典」，是代表男鹿的冬日祭典，也是陸奧五大雪祭典之一。這個祭典是祭祀「柴燈祭典」與民俗儀式生剝鬼組合而成的，祭典中可看到勇壯神威的生剝鬼舞蹈及太鼓的驅魔樂舞，而高舉火把下山的生剝鬼更令祭典的氣氛達到頂點。

1 生剝鬼館
（なまはげ館）

生剝鬼館的外牆大量使用了寒風山頂的男鹿石，內裝亦大量使用了秋田的杉木。

石川千秋先生是目前世界上唯一的生剝鬼面具雕刻家，他每周約三至四天會在館內作現場製作示範。

這裡是以男鹿地方民俗儀式「生剝鬼」為主題的博物館，讓訪客可以深入了解這傳說的誕生和發展，以及傳承文化特色。館內展出超過150面來自各區域獨特的面具，非常珍貴。而傳承館播放的影片則詳盡介紹這傳說的背景及儀式進行的過程，也十分有趣。目前世界上唯一的生剝鬼面具雕刻家的現場示範，更是難得的觀賞機會。

可容納 200 人的傳承館內，每隔 30 分鐘會播放與生剝鬼相關的活動影片。

秋田縣男鹿市北浦真山水喰沢

+18-185-22-5050

8:30-17:00

年中無休

成人 ¥550，小／中學生 ¥275
（※男鹿真山傳承館共通券：4 月至 11 月 成人 ¥880，小／中學生 ¥550；12 月至 3 月 成人 ¥1,100，小／中學生 ¥770）

https://namahage.co.jp/namahagekan/

由 JR「男鹿」駅 3 號巴士站乘搭「生剝鬼 Shuttle」計程車／巴士，於「なまはげ館前」下車，車程約 25 分鐘，車費 ¥1,100。

企劃展區展示秋田縣和海外類似生剝鬼的民間活動中使用的面具。

なまはげ解説コーナー
Namahage Explanation Corner
生剝鬼解説所　生剝鬼解説專區

從男鹿市內各地區蒐集回來的生剝鬼面具已多達 150 面，構成獨具匠心的展區。

男鹿真山傳承館的體驗項目，可說是男鹿半島最受歡迎的活動，經常人山人海。

2 男鹿真山傳承館

位於生剝鬼館旁的男鹿真山傳承館，是可以體驗生剝鬼祭典的設施。在這間茅草屋頂的古老民家內，可感受到昔日生活型態外，重頭戲是再現了除夕夜舉行的生剝鬼傳統儀式。兩隻打扮恐怖的生剝鬼突然現身，在房內橫衝直撞，還走向觀眾面前作出威嚇，凜凜威風的坐在民家主人面前了解過去一年的狀況，最後除了告誡主人不能懶惰外，也會保佑這家人來年順境和健康。約30分鐘的體驗活動非常受歡迎，經常連場爆滿，旺季時最好事先在網上預約。

生剝鬼在數十名觀眾中左穿右插，大聲咆哮，震懾力十足。

📍 秋田県男鹿市北浦真山字水喰沢 97
📞 +18-185-33-3033
🕐 9:30・10:30・11:30・13:30・14:30・15:30
（時間或有變更）
🅒 12月至3月的星期一至星期五
💴 4月至11月 成人 ¥880，小／中學生 ¥550；
12月至3月 成人 ¥1,100，小／中學生 ¥770
🌐 https://namahage.co.jp/namahagekan/oga_shinzan_folklore_museum/
🚶 由生剝鬼館徒步只須1分鐘。

民家的主人會以酒和食物招待生剝鬼，並報告過去一年家裡的狀況，雙方的對話其實十分有趣。

3 真山神社

真山神社的本殿。

距離男鹿真山傳承館幾分鐘步程的真山神社，是男鹿半島自古以來擁有許多信眾的神社。神社位於真山中被大杉木所包圍著，境內充滿幽靜且莊嚴的氛圍。每年 2 月在此舉行的「生剝鬼柴燈祭典」，是男鹿非常有名氣的冬日祭典。在神社的前院，有一棵樹齡超過 1,100 年的巨大榧樹，據說是慈覺大師親手栽種，是秋田縣指定天然紀念物。

- 📍 秋田縣男鹿市北浦真山字水喰沢 97
- 📞 +81-185-33-3033
- 🕐 8:30-17:00
- Ⓒ 年中無休
- 🌐 http://www.namahage.ne.jp/~shinzanjinja/
- 🚌 由 JR「男鹿」駅 3 號巴士站乘搭「生剝鬼 Shuttle」計程車／巴士，於「真山神社前」下車，車程約 25 分鐘，車費 ¥1,100。

神社境內環境幽靜，氣氛莊嚴。

前方是神樂殿，每年的柴燈祭都在這裡舉行，生剝鬼就是從這石階走下來，儀式吸引很多人參加，非常熱鬧。

屹立千年的古樹，實在得來不易，頑強的生命力，感動著大地。

這裡可眺望海中遠處細小的無人島——水島。

4 入道崎

站在遼闊的大草坪上，可眺望腳下奇岩異石的海岸美景。

入道崎是位於男鹿半島最北端的岬角，是男鹿非常知名的風景名勝地。這裡正好處於北緯40度的位置，面前是壯闊無邊的日本海，特別是夕陽絕景最為著名。在一片寬廣的草坪盡頭，約30米高的懸崖繼續延伸，與藍色的天空和大海呈現出壯麗的景色。作為入道崎象徵的燈塔，其黑白條紋的外觀尤其觸目，從燈塔俯瞰入道崎全景最是享受。這裡也可乘坐遊覽透視船，領略男鹿海底的神秘魅力。此外，周邊有多間手信店舖和餐廳，特別是海鮮拉麵、海鮮丼和石燒料理等海產美食是絕對不能錯過的。

北緯40度の地
入道崎
男鹿国定公園

入道崎位於男鹿半島的最北端，擁有北緯40度線上的絕佳景色。

秋田縣男鹿市北浦入道崎昆布浦2

+81-185-35-5300
（男鹿總合觀光案內所）

24 小時

https://oganavi.com/spot/48/

由JR「男鹿」駅3號巴士站乘搭「生剝鬼 Shuttle」計程車/巴士，於「入道埼」下車，車程約1小時10分鐘，車費 ¥2,500。

入道崎

周邊的商店及餐廳人來人往，非常熱鬧。由於男鹿海產豐富，所以這裡的海鮮丼和石燒海鮮鍋都是大人氣的料理。

入道埼燈塔

入道埼燈塔早於 1898 年已啟用，但現在的燈塔是 1951 年重建的。在全日本超過 3,000 座的燈塔當中，入道埼的燈塔是其中僅 16 座能夠攀爬的燈塔之一。燈塔旁的資料展示室可免費入內參觀。

📞 +91-90-1931-9706（燈光會入道埼支所）
🕐 4 月中旬至 11 月上旬 9:00-16:00
（4 月中旬至 10 月 15 日的星期六、日及公眾假期 9:00-16:30）
🅲 11 月中旬至 4 月上旬
💲 成人（中學生以上）¥300，小學生以下免費
🌐 https://www.tokokai.org/tourlight/tourlight01/

海底透視船

海水清澈的夏季最適合乘坐透視船，近距離觀賞各種魚類和海藻生物。乘船碼頭在燈塔附近，船程為 30 分鐘。

📞 +81-185-38-2050
🕐 5 月至 10 月 8:30-16:30
💲 成人 ¥1,100，小學生 ¥550，幼兒免費

5 哥斯拉岩（ゴジラ岩）

> 遠看感覺栩栩如生，近看感覺更加逼真。

哥斯拉岩位於男鹿西南端門前地區的潮瀨崎岩礁地帶上。潮瀨崎是3,000萬年前火山噴出物形成的凝灰岩，經過長期風化雕刻成各種獨特的形狀，像是自然美術館的地質遺址。

哥斯拉岩於1995年被命名，因為其形狀與著名電影中的怪獸哥斯拉極為相似。當夕陽照上岩石時，如同在噴火的哥斯拉一樣的絕景很受歡迎，所以在日落時分，有許多攝影師和遊客前來觀賞這壯麗的自然奇景。

燈塔位處的岩石被稱為「龜岩」。

潮瀨崎入口的展板上，有提示攝影的最佳位置。

- 📍 秋田縣男鹿市船川港本山門前
- 📞 +81-185-24-4700（男鹿市觀光協會）
- 🕐 24小時
- 🌐 https://oganavi.com/spot/69/
- 🚌 由JR「男鹿」駅前1號巴士站乘搭「男鹿南線（門前方向）」巴士，於「帆掛島」下車後徒步約5分鐘，車程約31分鐘，車費 ¥200。
  男鹿市內路線巴士時間表：https://www.city.oga.akita.jp/（※Living information →巴士時刻表檢索）

燈塔不設內進參觀，但站在燈塔前展望潮瀨崎海岸的景色都很不錯。

高 30 米的「帆掛島」，是男鹿半島最大的岩石，因酷似帆船的帆而得名。

「男鹿南線」的巴士班次很疏落，敬請注意。

⑥ 道の駅 OGARE
(道の駅おがなまはげの里オガーレ)

於 2018年7月1日與JR男鹿驛全新車站同日開幕的道の駅OGARE，鄰近JR男鹿驛和船川港，位置非常便利。作為活化地域及振興旅遊的複合設施，驛內的特產館、小食店及餐廳等都很吸引。受惠於男鹿外海的豐富漁獲，這裡由漁師每天直送的新鮮海產大受歡迎。

📍 秋田県男鹿市船川港船川字新浜町1-19

📞 +81-185-47-7515

🕐 物產館 9:00-17:00；餐廳 3月至9月 10:30-18:30、10月至2月 10:30-17:00（星期六、日及公眾假期 10:30-18:00）（※12月31日營業至14:00）

🅲 1月1日至1月3日及2、3月的第三個星期三及星期四

🌐 http://michinoekioga.co.jp/

🚉 由JR「男鹿」驛徒步3分鐘。

物產館售賣的商品種類豐富，包括新鮮魚介、時令蔬果、男鹿鄉土特產和工藝品等。

人氣 No.1 的男鹿產紅楚蟹，已經烹調，每包兩隻售價 ￥1,380。

「東洋一海岸線男鹿餐廳」提供以男鹿時令食材為主的菜式。

待さん助您安排行程：

　　遊覽男鹿半島，最好安排兩日一夜。第一天清晨由 JR 秋田駅出發到達男鹿駅後，乘搭「生剝鬼 Shuttle」遊覽入道崎，下午遊覽生剝鬼館、男鹿真山傳承館及真山神社，傍晚入住男鹿溫泉鄉的旅館。第二天上午乘搭旅館接送車輛或「生剝鬼 Shuttle」到達男鹿駅，再轉乘「男鹿南線（門前方向）」巴士前往帆掛島，遊覽哥斯拉岩位處的潮瀨崎，下午再到道の駅 OGARE 選購手信後，才由男鹿駅乘搭 JR 離開。

岩手 Iwate 縣

淨土ヶ浜

岩手縣的面積廣闊，是日本第二大縣，僅次於北海道。在東北六縣中，岩手縣好像名氣略為遜色，但其實它擁有不少值得遊覽的觀光勝地。平泉作為世界文化遺產之地，中尊寺金色堂和毛越寺等都擁有重要的歷史文化價值。一關市不但有縣內代表名勝嚴美溪，還有日本百景猊鼻溪，皆是大自然恩賜的藝術品。宮古市海岸的淨土之濱，綠色的松樹、白色的岩石與藍青的海水，構成一幅絕美的風景畫作，是讓人感動的景色。

交通

1 JR 東京駅 → JR 盛岡駅
（東北新幹線，約 2 小時 15 分鐘，¥14,810（指定席））

2 東京駅八重洲南口 → 盛岡駅東口
（JR 東北夜行高速巴士，約 7 小時 35 分鐘，¥6,700 起）

3 いわて花巻空港 → 盛岡駅前
（岩手縣交通巴士，約 45 分鐘，¥1,430）

岩手縣觀光協會🌐：https://iwatetabi.jp/

盛岡
Morioka

作為岩手縣重點城市的盛岡，最有名氣的是「櫻」和「麵」。盛岡城跡公園擁有250棵櫻花樹，美麗的石垣添上盛放的櫻花，真的一絕。石割櫻的強壯生命力令它享負盛名。周邊小岩井農場的一本櫻也很受歡迎。遺憾的是我每次來盛岡都不逢時，命中註定有生之年要再來一次。賞櫻在春季，吃麵在四季。盛岡冷麵、炸醬麵及碗仔蕎麥麵，是來盛岡必吃的盛岡三大麵。

🌐 盛岡市：https://www.city.morioka.iwate.jp/

岩手縣交通巴士：http://www.iwatekenkotsu.co.jp/rosen.html

盛岡城跡公園
～美麗的石垣

於 1597 年，由第二代盛岡藩主南部利直開始興建城池。由於受到北上川和中津川的洪水氾濫影響，經歷長達 36 年的築城工事，盛岡城終在 1633 年落成。第三代藩主南部重直進駐城池後，一直是歷代盛岡藩主的根據地。因明治時代廢除藩鎮，城內大部分建築物於 1874 年被拆除後，城池也被荒廢。直至 1906 年，由造園設計師長岡安平修建成「岩手公園」，成為市民喜愛的休憩場所。為紀念開園 100 週年，於 2006 年改名為「盛岡城跡公園」。

盛岡城的石垣是使用盛岡產花崗岩而建，時至現在石垣仍保留完好，非常美麗不具氣派。城跡公園同時被選為「日本名城 100 選」及「日本歷史公園 100 選」而廣為人知。此外，這裡也是賞櫻及賞楓名所，石垣添花的景致美不勝收。

📍 岩手県盛岡市内丸 1－37
📞 +81-19-681-0722
🕐 24 小時
🌐 http://www.moriokashiroato.jp/
🚌 (1) 由 JR「盛岡」駅東口 16 號巴士站乘搭「でんでんむし左回り」岩手縣交通盛岡中心市街地循環巴士，於「盛岡城跡公園前」下車，車程約 6 分鐘，車費 ¥120。(※1 日乘車券：成人 ¥350，小童 ¥180)
(2) 由 JR「盛岡」駅東口徒步約 15 分鐘

二之丸跡。

御台所跡（現在是多目的廣場）。

本丸御殿跡。

園內色彩繽紛的花朵四季盛開，散步其中，賞心悅目。

② 櫻山神社

作為南部藩總鎮守的櫻山神社，最初在 1749 年建於盛岡城的淡路丸上，因淡路丸的櫻花繁密而被稱為「櫻山大明神」。隨著江戶時代結束，神社被迫多次遷建，直至 1899 年才遷到現址，繼續守護民眾而深受信奉。在神社後方聳立著的「烏帽子岩」，是當年興建盛岡城時挖掘出來的巨大岩石，因在神聖的城堡內發現，所以被視為吉祥的象徵而被廣泛崇拜。

神聖的烏帽子岩屹立在壯麗的石垣上，是櫻山神社的另一看點。

📍 岩手県盛岡市内丸 1－42
📞 +81-19-622-2061
🕐 9:00-17:00
Ⓒ 年中無休
🌐 https://www.sakurayamajinja.jp/
📖 由 JR「盛岡」駅東口 16 號巴士站乘搭「でんでんむし左回り」岩手縣交通盛岡中心市街地循環巴士，於「県庁・市役所前」下車，車程約 9 分鐘，車費 ¥120。

3 盛岡歷史文化館

もりおか歴史文化館

位於城跡公園旁邊的盛岡歷史文化館，是提供盛岡的歷史和旅遊資訊的設施。在一樓免費區域內，有介紹盛岡傳統祭典、山車展示區及提供不同季節的觀光情報中心。二樓為收費的展覽室，陳列著盛岡藩的珍貴史料和南部家的寶物。

每年8月1日至4日舉行的盛岡三颯舞（盛岡さんさ踊り），參加者以太鼓及笛子配合舞蹈，再喊著呼喚幸福的口號巡行，是盛岡最大的夏祭。

每年6月第二個星期六舉行的洽咕洽咕趕馬會祭（チャグチャグ馬コ），是馬產地岩手的特色祭典，穿上了鮮艷裝束約100匹馬在盛岡市巡遊著，非常熱鬧。

📍 岩手県盛岡市内丸1－50
📞 +81-19-681-2100
🕐 9:00-19:00；11月至3月 9:00-18:00
🅲 每月第三個星期二（公眾假期則順延至翌日）及12月31日至1月1日
💲 一樓觀光交流區免費入場；二樓歷史文化區：成人￥300，小／中學生￥100
🌐 https://www.morireki.jp/
📖 由JR「盛岡」駅東口16號巴士站乘搭「でんでんむし左回り」岩手縣交通盛岡中心市街地循環巴士，於「県庁・市役所前」下車後徒步3分鐘，車程約9分鐘，車費￥120。

館內展出不少當年銀行的物品，而我獨愛這張 EP。岩手銀行行歌是由賣島濤彥作曲，小沼榮一填詞，BONNY JACKS 組合主唱。

聳立在市中心的岩手銀行紅磚館，是盛岡市的象徵之一。

4 岩手銀行紅磚館
岩手銀行赤レンガ館

紅磚館是在 1911 年落成的盛岡銀行總行建築物，由東京車站的著名設計師辰野金吾所設計，是他所設計的建築物中唯一在東北地區現存的作品。1936 年盛岡銀行破產後，它被岩手銀行購入並作為總行運作。直到 1983 年岩手銀行新總行落成，建築物改為分行繼續營運，並於 1994 年被指定為國家重要文化財產。於 2012 年結束銀行業務後，經過為期 3 年半的維修工程，於 2016 年 7 月作為歷史建築物對外開放。

銀行業務大廳現已改為多功能展館，館內盡現懷舊西式建築的特色。

📍 岩手県盛岡市中ノ橋通 1 丁目 2 - 20
📞 +81-19-622-1236
🕙 10:00-17:00
🅒 星期二及 12 月 29 日至 1 月 3 日
💲 成人 (16 歲以上)¥300・小 / 中學生 ¥100
🌐 https://www.iwagin-akarengakan.jp/
🚌 由 JR「盛岡」駅東口 16 號巴士站乘搭「でんでんむし左回り」岩手縣交通盛岡中心市街地循環巴士，於「盛岡バスセンター」下車後徒步 1 分鐘，車程約 12 分鐘，車費 ¥120。

5 石割櫻

位於盛岡地方裁判所前庭的石割櫻，據說樹齡已有350至400年，被列為國家天然紀念物。石割櫻從巨大花崗石的狹窄裂縫中生長著，是一棵樹幹圍4.6米、高11米的江戶彼岸櫻。每年四月中旬石割櫻盛開之時，都吸引著許多市民及觀光客前來，感受它那股強大的生命力和欣賞它燦爛的花姿。

📍 岩手縣盛岡市內丸9-1

📞 +81-19-626-7539（盛岡市工商觀光部觀光交流課）

🕐 9:00-18:00（夜間可從行人路觀賞）

🌐 http://www.city.morioka.iwate.jp/kankou/kankou/sakura/1007959.html

🚉 由JR「盛岡」駅東口15號巴士站乘搭「でんでんむし右回り」岩手縣交通盛岡中心市街地循環巴士，於「中央通一丁目」下車後徒步1分鐘，車程約8分鐘，車費￥120。

盛岡八幡宮

盛岡八幡宮於 1680 年，由第 29 代當主南部重信所建立，一直以來是農業、工業、商業、學問、衣食住等人類生活根源之神，自古以來就受到當地人的崇敬。由於 1884 年遭受大火和長期風雪等災害，使社殿多次重建。目前的社殿是在 1997 年 12 月建造的新八幡宮，朱紅色的大社殿有著色彩斑斕的雕刻，呈現出威風凜凜的全新「盛岡面貌」。作為縣內最大的神社，是紮根在人們生活中的信仰和各種祭祀活動的根基，全年參拜者絡繹不絕。

到訪當日適逢是 5 月 5 日兒童節，境內正在舉行每年一度的「お宮の一生もち」活動。年滿一歲的小朋友背著一個重 1 公斤的年糕，努力走（爬）向前方的父母懷抱，是寓意孩子們健康成長。小朋友們超級可愛，場面溫情洋溢。

📍 岩手縣盛岡市八幡町 13－1
📞 +81-19-652-5211
🕐 24 小時
🌐 https://morioka8man.jp/
🚌 由 JR「盛岡」駅東口 5 號巴士站乘搭前往「茶畑方向」岩手縣交通巴士，於「八幡宮前」下車，車程約 15 分鐘，車費 ￥210。

盛岡八幡宮旁邊是岩手護國神社。

7 木伏綠地

於 2019 年 9 月落成的木伏綠地，位於開運橋和旭橋之間的北上川沿岸，距離岩手車站只有 4 分鐘步程，位置便利。位處市中心的繁榮地區，木伏綠地一帶的環境卻綠意盎然、河川清澈，最吸引之處是可將岩手山的美景盡收眼底，因此成為了散步及划艇等活動的消閒勝地。在短短 200 米長的草坪上，設有 9 間飲食店舖，包括有咖啡店、雪糕店、酒吧、串燒店及烤羊肉餐廳等，可以在鬧市中盡享美食和悠閒自在的時光。

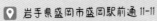

符さん助您安排行程：

盛岡市內的景點尚算集中，徒步遊覽都很輕鬆，花半天時間已很足夠。盛岡城跡公園、櫻山神社及盛岡歷史文化館的位置相當接近。而由城跡公園步行往紅磚館、石割櫻及八幡宮，分別需時約 3 分鐘、4 分鐘及 13 分鐘。

- 📍 岩手県盛岡市盛岡駅前通 11-11
- 📞 各店聯絡電話號碼請參考網站
- 🕐 一般由 11:00-22:00 至 24:00
- Ⓒ 各店有異
- 🌐 https://kippushi.jp/
- 🚃 由 JR「盛岡」駅北口徒步約 4 分鐘。

壯麗的岩手山和羊群一起的畫面，完全能感受大自然的氣息。

雫石町

📍 Shizukuishi Town

小岩井農場
KOIWAI FARM

小岩井的名稱是採用農場始創人：小野義真、岩崎彌之助及井上勝三人名字的首一個字而命名。

二號牛舍建於1908
年，是用作母牛分娩時
所使用的牛舍。

小岩井農場

位 於岩手山山麓的小岩井農場，佔地約3,000
公頃，是日本最大規模的民營綜合農場。
農場創建於1891年，當初是荒蕪之地，經努力改
良土壤及植樹造林後，培育出蔥綠的自然森林和
綠色大地。作為歷史這麼悠久的農場，目前仍保
存了21棟極為珍貴的建築物，被指定為國家重要
文化財產。

農場內使用剛擠出的新鮮牛奶做成的各種乳
製品如芝士、奶酪及雪糕等都甚具人氣，絕對不能
錯過；而各式餐廳亦可品嘗產自農場的鮮肉和牛奶
所烹調的料理。

隨著不同季節，農場會舉辦各種體驗活動，要
注意冬季因積雪關係，大部分活動都會暫定，只有
雪地火車、工藝班及餐廳服務等繼續營業，前往之
前請瀏覽網站了解最新資訊。

炭火燒BBQ餐廳主打農場直
產的大人氣小岩井牛肉，質素
的確不錯。

一號牛舍於 1934 年建造，現在仍作為擠乳用的牛舍使用，可容納 68 頭牛隻。

訪客可自由參觀製乳工場。

📍 岩手県岩手郡雫石町丸谷地 36-1

📞 +81-19-692-4321

🕐 平日 9:00-16:00；星期六、日及公眾假期 9:00-17:00

🅲 不定休

💰 成人（15 歲以上）¥800，小童 ¥300；
冬季：成人 ¥500，小童 ¥250

🌐 https://www.koiwai.co.jp/

🚌 (1) 由 JR「盛岡」駅東口 10 號巴士站乘搭前往「小岩井農場まきば園」岩手縣交通巴士，於終點站下車，車程約 30 分鐘，車費 ¥710。(※ 只在 4 月下旬至 11 月上旬行駛)

(2) 由 JR「盛岡」駅乘搭「田沢湖線」，於 JR「小岩井」駅下車，車程約 10 分鐘，車費 ¥240。再轉乘的士約 6 公里，車程約 12 分鐘，車費約 ¥2,200。

在各式餐廳中，可以品嘗自家農場直產的各種食材來烹調的限定美食。

在春季可以欣賞到岩手山和櫻花交織出令人讚嘆的景色，尤其「一本櫻」更享負盛名，每年都吸引許多人前來親睹在遼闊草原上唯一的一棵櫻花樹。

騎馬體驗 (￥1,000) 及坐馬車遊園活動 (￥1,000) 都很受歡迎。

兒童遊樂設施當然不可缺少。

舊育牛部倉庫於 1898 年以前建造，是農場建築群中最古老的和式小屋，現今仍作為倉庫使用中。

一號筒倉和二號筒倉分別建於 1907 年和 1908 年，是由紅磚建造的大型飼料儲藏塔，為日本現存最古老的儲藏塔，使用至 1975 年止。

三號牛舍建於 1935 年，用作幼牛及種牛的飼育，是一個接近 100 米的大型牛舍，特色是根據牛的月齡而設有不同的飼育室。

花卷

Hanamaki

花卷是岩手縣內最具代表性的溫泉地。花卷溫泉鄉則是由花卷溫泉、台溫泉、志戶平溫泉、大沢溫泉等12處溫泉組成，被稱為「花卷12湯」。當中以花卷溫泉的旅館最具規模，周邊的景點較多，所以最受歡迎。此外，花卷是著名作家及農業家宮沢賢治的故鄉，市內有很多與他相關的景點。

 JR盛岡駅 → JR花卷駅（JR東北本線，約40分鐘，¥680）

 花卷觀光協會：https://www.kanko-hanamaki.ne.jp/

1 花卷溫泉

花卷溫泉由四間大型溫泉旅館所組成，包括有紅葉館、花卷、千秋閣及佳松園。每間旅館都擁有大自然景觀，非常舒適。周邊有縣內最大的玫瑰園，盛開著世界上不同品種的玫瑰。釜淵瀑布是讓人身心舒暢的自然美景。花卷溫泉稻荷神社是這溫泉地的能量景點。在紅葉季節，附近的樹木都會染上了秋天的色彩，非常漂亮。

📍 岩手県花卷市湯本 1-125
📞 +81-198-37-2111（花卷溫泉綜合預約中心）
🌐 http://www.hanamakionsen.co.jp/
🚌 由 JR「花卷」驛 4 號巴士站乘搭前往「花卷溫泉・台溫泉」岩手縣交通巴士，於「花卷溫泉」下車，車程約 20 分鐘，車費 ¥470。

花卷溫泉稻荷神社創建於 1924 年，作為花卷溫泉繁盛的守護神供奉著稻荷神社的分靈。稻荷神傳說是五穀豐登的女神，據說同時對財運、生意興隆、家宅安全及交通安全也很靈驗。

除了紅葉館、花卷及千秋閣三間旅館外，附近的蓬萊湯亦有提供溫泉日歸服務，但環境較前三間旅館遜色。

位於千秋閣旅館旁邊的手湯和足湯，是一個改善血液循環和治愈身心的新景點。（開放時間：6:00-18:00；夏季至 21:00；冬季關閉）

❷ 花卷溫泉玫瑰園

位於花卷溫泉內的玫瑰園，於 1960 年在宮沢賢治建造的南斜花壇舊址上開業，是東北首屈一指的玫瑰園。每年 5 月下旬至 10 月下旬，約 450 種、6,000 朵玫瑰綻放出鮮豔的色彩，濃郁的香氣充滿著整個花園。這些玫瑰中，有在花園中培育並獲得新品種認證的玫瑰、為紀念花卷溫泉 88 周年而誕生的「Happy Rose 88」等 7 種原創品種及其他來自世界各地的品種。公園內還有宮沢賢治設計的日時計花壇，四季鮮花盛開。

📍 岩手県花巻市湯本 1-125
📞 +81-198-37-2111（花卷溫泉綜合預約中心）
🕐 8:00-17:00
🅲 年中無休
💲 5 月下旬至 7 月上旬 ¥800（旅館住宿者 ¥600）；
　 7 月上旬至 10 月下旬 ¥500（旅館住宿者 ¥400）；
　 上述期間以外免費入場；小學生以下全年免費
🌐 https://www.hanamakionsen.co.jp/rose/
🚏 由「花卷溫泉」巴士站徒步 5 分鐘。

3 釜淵瀑布

距離花卷溫泉只有 10 分鐘步行路程的釜淵瀑布，是台川河水從 8.5 米高、30 米寬的巨石上傾流而下所形成的瀑布，2005 年被指定為國家風景名勝區之一。瀑布名稱的由來有兩種說法：其一是因為形狀像一個又深又大的瀑布盆地；另外是因為巨石的外觀有如倒置的釜鍋。瀑布周圍的森林是 20 分鐘的遊步道，在陽光穿過樹林下散步，溪流清澈，令人心曠神怡。秋天紅葉點綴下的釜淵瀑布，風景更加壯觀。

在「釜淵の滝入口」巴士站下車後，隨即會見到指示牌，步行 300 米就可到達瀑布。

📍 岩手県花卷市湯本地內

🚌 由 JR「花卷」駅 4 號巴士站乘搭前往「花卷溫泉・台溫泉」岩手縣交通巴士，於「釜淵の滝入口」下車後徒步約 5 分鐘，車程約 22 分鐘，車費 ¥500。

遊步道整備妥善，平坦易行。因為這裡經常有熊出沒，所以沿路設有多個手搖鈴，謹記邊行邊搖鈴，熊聽到聲音就不會出來。

瀑布前設有觀景台，讓遊客可以仔細觀賞瀑布美景和拍照留念。

4 未來都市銀河地球鐵道壁畫

位於花卷駅附近一幅獨特的壁畫，是讓人可聯想到宮沢賢治名作《銀河鐵道之夜》的夢幻畫面。這幅壁畫在高 10 米、長 80 米的牆壁上塗上了特殊的顏料，白天只能看到白色的輪廓，但在日落後被紫外燈光照射時，壁畫就顯得相當漂亮和吸引，是一個非常浪漫的人氣景點。

📍 岩手県花巻市愛宕町（花卷駅北側）
📞 +81-198-24-2111（花卷市觀光課）
🕐 亮燈：日落至 22:00
🅒 年中無休
🚉 由 JR「花卷」駅徒步 4 分鐘。

DAYMODE ☀

🌙 NIGHTMODE

符さん助您安排行程：

由盛岡前往花卷溫泉只須 1 小時多，所以作為一天來回遊覽便已足夠。但如果喜愛享受溫泉或正值玫瑰、紅葉盛開之時，那就建議在旅館留宿一天，慢慢享受美好的時光。

平泉 Hiraizumi
～世界文化遺產

位於岩手縣南部的平泉，是平安時代（794-1185）後期陸奧豪族藤原氏的根據地。據說初代清衡在 1100 年左右移居至平泉後，開始建設以佛教文化為中心的理想之鄉，其後代亦相繼建造了各式寺院及庭園。平泉至今仍保存了 3,000 多件國寶文物，其獨特的佛教建築、庭園及考古學的遺跡群等極具歷史文化價值，於 2011 年被列入世界文化遺產。想深入體會平泉文化遺產之特色，中尊寺和毛越寺是必遊之地。

(1) JR 盛岡駅 → JR 平泉駅（JR 東北本線，約 1 小時 20 分鐘，¥1,520）

(2) JR 花卷駅 → JR 平泉駅（JR 東北本線，約 48 分鐘，¥860）

(3) JR 一ノ関駅 → JR 平泉駅（JR 東北本線，約 8 分鐘，¥200）

平泉町：https://www.town.hiraizumi.iwate.jp/

平泉觀光協會：https://hiraizumi.or.jp/

平泉町巡迴巴士

「るんるん」
觀光循環巴士

平泉町巡迴巴士「るんるん」共有8個上落點，從春季至秋季中的每逢星期六、日及公眾假期行駛，由上午9時45分至下午4時15分之間，每隔30分鐘一班次。路線由平泉駅前1號巴士站出發，循環行駛平泉的主要觀光景點，如毛越寺、平泉文化遺產中心、中尊寺及無量光院跡等。

$ 單程車費：成人 ¥200，小童 ¥100
　一日乘車券：成人及小童同價 ¥550（在巴士上購買）
C 4月中旬至11月上旬的平日及冬季 (11月上旬至4月中旬) 停止運行
🌐 http://www.iwatekenkotsu.co.jp/runrun_0419.html

1 中尊寺

～平安美術的寶庫

中尊寺由比睿山延歷寺的高僧慈覺大師圓仁於 850 年開山。其後在 12 世紀初，奧州藤原氏初代清衡公為了不分敵我地祭奠在長期戰役中亡故的生靈，建設一片佛國淨土，進行了大規模的堂塔建造。雖然在 14 世紀許多殿堂和佛塔都被燒燬，但金色堂等 3,000 多件國寶和重要文化財產都得以保存下來，並以平安時代佛教美術寶庫而聞名世界。

中尊寺作為「象徵平泉──佛教淨土的建築、庭園及考古學上的遺跡群」，於 2011 年被列入世界文化遺產。每年的秋季，被紅楓包圍著這神秘寂靜的寺堂一帶的景色，更是美不勝收。

📍 岩手県西磐井郡平泉町平泉衣關 202
📞 +81-191-46-2211
🕐 8:30-17:00；11 月 4 日至 2 月 8:30-16:30
🅲 年中無休
💲 （金色堂・讚衡藏）入場費：成人 ¥800，中學生 ¥300，小學生 ¥200
🌐 https://www.chusonji.or.jp/
🚌 由 JR「平泉」駅前乘搭「平泉町巡迴巴士るんるん」，於「中尊寺」下車，車程約 10 分鐘。

中尊寺建於標高 130 米的丘陵上，前往中尊寺的表參道稱為月見坂。道路兩旁排列著 300 至 400 年樹齡的杉樹，營造出神秘而又嚴肅的氛圍。沿著月見坂緩緩前行，途中散佈著各種寺廟，但大多是江戶時代中期以後重建或遷移至此。

本堂正門的本坊表門，
依循藥醫門的形式而建造。

中尊寺是全山的總稱，是由本堂和17座山內寺
所組成的一座山寺。這座本堂是在1909年重建，
主佛是一丈六尺高的釋迦如來，作為中尊寺的基
礎道場，許多古老的儀式都在這裡舉行。

不動堂是1977年建造的祈禱堂，
本尊為不動明王。

大日堂於1802年重建，本尊為金剛界大日如來。

於1715年重建的阿彌陀堂，
本尊為阿彌陀如來。

曾於2000年進行了翻新的讚衡藏（寶物館），其
名為「讚頌奧州藤原三代（清衡、基衡、秀衡）
偉業的寶藏」的意思。館內收藏了3,000多件國
寶及重要文化財產，還可參觀到佛像、佛經以及
藤原氏的陪葬品等。參觀金色堂及讚衡藏的共通
券亦在此購買。

建於1343年的舊鐘樓，撞座因經過長年歲月的敲打已呈凹陷，現已絕少再被敲響。

現放置於新覆堂內的國寶金色堂，建於 1124 年，是從中尊寺創建時期保存至今的唯一一座建築物。主佛是阿彌陀如來，兩旁是觀音菩薩和勢至菩薩，主佛周圍還環繞著六尊地藏菩薩以及持國天和增長天。整座佛堂都鋪上金箔，在現世中呈現出一片完全金色的極樂淨土，極盡華麗。內陣以螺鈿工藝、泥金畫等漆工藝以及精緻的金屬雕刻營造出莊嚴感，達致平安佛教美術的最高峰。中央的須彌壇內安放了藤原氏四代主人的遺體，為世上絕無僅有。（※ 新覆堂內嚴禁拍攝）

舊覆堂建於 1288 年，據說是為了保護金色堂免受風雪侵襲而建造。金色堂在昭和年代進行解體維修期間，曾被搬遷到此。

弁財天堂建於 1716 年，本尊為弁財天十五童子，堂內還供奉著千手觀音菩薩二十八部眾。

釋迦堂於 1719 年重建，本尊為釋迦三尊。

相傳 850 年慈覺大師圓仁為了保護中尊寺北部而徵集此地，其後建造了這座白山神社。

每年 5 月 4 日及 5 日，中尊寺的僧侶們都會在這能樂殿進行神道能樂儀式。這個能舞台是在 1853 年由伊達藩重建，是正統規模和形態的能舞台，於 2003 年被指定為國家重要文化財產。

163

② 毛越寺
~日本首屈一指的淨土庭園

毛越寺入口的山門，原是一關藩田村家藩邸的中門，於 1922 年捐贈予毛越寺。現在門前掛著特別史跡、特別名勝及世界遺產三個牌匾，氣派十足。

毛越寺由慈覺大師圓仁於 850 年開山後，由藤原氏二代基衡公建造了七堂伽藍，三代秀衡公建造了 40 座堂塔、500 間禪坊等建築物，規模龐大且十分華麗。毛越寺曾多次遭遇災禍，伽藍全被燒燬，但目前以大泉池為中心的淨土庭園及平安時代的寺院殘存結構基本上保存完好。庭園的優美景觀及歷史建築物的高度學術文化價值，被日本政府指定為特別名勝和特別史跡外，於 2011 年更被列入世界遺產。

📍 岩手県西磐井郡平泉町平泉字大沢 58
📞 +81-191-46-2331
🕐 8:30-17:00；11月5日至3月4日 8:30-16:30
🅲 年中無休
💰 成人 ¥700，小 / 中學生 ¥200
🌐 https://www.motsuji.or.jp/
🚇 (1) 由 JR「平泉」駅徒步約 7 分鐘。
    (2) 由 JR「平泉」駅前乘搭「平泉町巡迴巴士るんるん」，於「毛越寺」下車，車程約 3 分鐘。

淨土庭園的大泉池，與周圍的樹木景觀相映成輝，即使經歷了八百多年的歲月，依然能展現著其永恆的美麗，讓人感受到安祥寧靜的氣氛。

大泉池中有稱為「出島石組」和「池中立石」的景觀。石組從水邊向水中突出，其前端的飛島上有約2.5米高的立石，呈現著岩岸的風情，是庭園的象徵性景物。

洲浜以柔和的曲線營造出入海的形狀，展現出美麗的海岸線，與粗獷的出島石組和池中立石相映成趣。

於1989年落成的本堂，以平安時代的風格而建造，本尊是藥師如來，據說在祈願健康及除病痊癒上特別靈驗。

位於水池東北側的遣水，是指將山裡的水引入池中的水道，表現了沿溪流而下，蜿蜒而行緩緩從平原流過的情景，這種技法在日本全國極為珍貴稀少，毛越寺的遣水便是平安時代唯一的遺構。每年5月第四個星期日，都會以遣水為舞台舉行「曲水之宴」，重現平安時代的古雅風情。

遣水（やりみず）

この遣水は、庭園の発掘調査中に往時の姿のままに発見されたもので、遣水の遺構は奈良の宮跡庭園を除いては例が無く、平安時代の遺構としては唯一のものである。遣水は池に水を取り入れる水路であり、玉石を底に敷きつめ、流れには水越し、水切りの石、その他水の曲がり角や池への注ぎ口に石を配するなど平安時代の指導書「作庭記」の様式を余すところなく伝えている。その美しい流れとせせらぎは浄土庭園に風雅な趣を添えており、「曲水の宴」の舞台ともなる。

開山堂是供奉著開創毛越寺的慈覺大師的佛堂。除了大師像外，還安放著兩界大日如來像及藤原三代的畫像。

現在的常行堂是在 1732 年重建，供奉著本尊寶冠的阿彌陀如來和兩旁的四菩薩，在內殿供奉著摩多羅神。摩多羅神在當地自古作為農作物之神而受到敬仰。

寶物館陳列著許多毛越寺傳承下來的佛像、書籍、工藝品、發掘遺物及調查資料等平安時代的有形文化財產。

松風庵提供著咖啡、抹茶、菓子、烏冬、蕎麥麵等等的茶點美食。這裡的松林風景清幽恬靜，是能讓人靜心休息之地。

3 平泉文化遺產中心

文化遺產中心作為介紹平泉歷史和世界文化遺產的導覽設施，以及町內觀光的遊客中心，免費開放。中心內還展示著發掘考察時出土的大量重要考古資料，是能讓訪客對平泉的歷史文化有更深入的了解。如前往中尊寺或毛越寺之前先來這裡參觀一趟，有助提升對平泉世界文化遺產的領悟。

📍 岩手県西磐井郡平泉町平泉花立44
📞 +81-191-46-4012
🕐 9:00-17:00
🚫 12月29日至1月3日
💲 免費
🌐 https://www.town.hiraizumi.iwate.jp/
index.cfm/26,1040,128,277.html
📖 (1) 由JR「平泉」駅徒步約12分鐘。
(2) 由JR「平泉」駅前乘搭「平泉町
巡迴巴士るんるん」，於「平泉
文化遺産センター」下車，車程
約7分鐘。

悠久の湯 平泉溫泉

於 1998 年在陸奧古都平泉發掘了 100% 源泉而誕生了新的天然溫泉。位於平泉文化遺產中心旁邊的悠久の湯，是一間日歸溫泉設施，為祈願來訪者健康長壽而命名。館內以大量木材作裝飾，讓人感覺輕鬆又舒適。還有一間小店售賣農民早上收割的新鮮蔬菜和特產，有著農村風味。若時間充裕，可考慮一享世界遺產平泉之湯，讓您的身心更健康。

📍 岩手縣西磐井郡平泉町平泉字大沢 1-1

📞 +81-191-34-1300

🕙 10:00-21:00

📅 每月第一及第三個星期二（公眾假期則順延至翌日）

💰 成人 ¥500 ／小學生 ¥250

🌐 http://www.town.hiraizumi.iwate.jp/index.cfm/25.0.125.271.html

📖 (1) 由 JR「平泉」駅徒步約 10 分鐘。
(2) 由 JR「平泉」駅前乘搭「平泉町巡迴巴士るんるん」，於「悠久の湯」下車，車程約 6 分鐘。

5 道の駅平泉

於 2017年4月開業的道の駅平泉，規模比較細小，駅內設有銷售當地農產品、特產、加工品的物產館，以及使用當地新鮮食材的餐廳，可以品嘗平泉町獨特的味道，尤其在平泉町及一關市地區飼養的牛肉品牌「岩手南牛」很受歡迎。道の駅平泉是「平泉町巡迴巴士るんるん」返回平泉駅之前的最後一站，如果已購買一日乘車券及時間許可，不妨到此一遊選購平泉特產。

📍 岩手県西磐井郡平泉町平泉字伽羅楽 112-2
📞 +81-191-48-4795
🕐 9:00-18:00（冬季至 17:00 止）；
　　餐廳 11:00-18:00
🅲 年中無休
🌐 http:// 道の駅平泉 .com/
🚃 (1) 由 JR「平泉」駅徒步約 15 分鐘。
　　(2) 由 JR「平泉」駅前乘搭「平泉町巡迴巴士るんるん」，於「道の駅平泉」下車，車程約 18 分鐘。

符さん助您安排行程：

　　「平泉町巡迴巴士るんるん」的行駛路線順序是平泉駅、毛越寺、悠久の湯、平泉文化遺產中心、中尊寺、道の駅平泉。要細味平泉世界遺產的魅力，安排一天的遊覽時間已很足夠。

一關

Ichinoseki

位於岩手縣南大門的一關市，是縣內第二大城市。由於鄰近昔日作為都城而繁榮的平泉，早年平泉作為旅遊勝地而廣為人知，連帶前來一關市的遊客也隨之迅速增加。充滿自然地貌景點的一關市，嚴美溪和猊鼻溪就是其最自豪的觀光地。

JR 盛岡駅 → JR 一ノ関駅（東北新幹線，約 40 分鐘，¥4,090（指定席）／ JR 東北本線，約 1 小時 30 分鐘，¥1,690）

一關市觀光協會：http://www.ichitabi.jp/

① 嚴美溪

~ 大自然編織的絕景

名勝天然記念物
嚴美溪
一關

位於一關市嚴美町的嚴美溪，是由栗駒山流入磐井川中流的溪谷。歷經漫長歲月的侵蝕，在綿延約 2 公里的溪谷上呈現出奇岩怪石、壺穴、深淵、瀑布等各種自然美態，於 1927 年被指定為國家名勝和天然紀念物。嚴美溪的春天可以欣賞到貞山櫻，夏天可以聽到溪流潺潺之聲，秋天也有火紅的紅葉，冬天還有莊嚴的雪景。四時景致迷人的嚴美溪，是一關地區最具人氣的景點。難怪仙台藩主伊達政宗也曾經讚道：「松島與嚴美乃我領土之二大名勝」。

嚴美溪有兩條散策周遊路線，分別是天工橋和御覽場橋繞圈一周約 1 公里、需時 30 分鐘的路線，以及御覽場橋和長者瀧橋繞圈一周約 2.5 公里、需時 70 分鐘的路線。

📍 岩手県一関市嚴美町字滝の上地內

📞 +81-191-23-2350 （一關市觀光協會）

🌐 https://www.ichitabi.jp/feature/special/genbi/index.html

🚌 由 JR「一ノ關」駅前 9 號巴士站乘搭「嚴美溪・瑞泉線・須川溫泉線」岩手縣交通巴士，於「嚴美溪」下車，車程約 20 分鐘，車費 ¥500。

從巴士下車後轉左方，便是天工橋。由橋上俯瞰溪谷，壯麗美景盡收眼底。

越過天工橋便到達公園，可在岩石上散步，也可攀上涼亭欣賞四周風景。

在公園走近溪谷，近距離細賞大自然恩賜的禮物。

散策步道沿途樹木青蔥，讓人心情更易放鬆。

天工橋
御覧場橋
Goramba Bridge
20m

180

東北自然步道

御覽場橋是嚴美溪唯一一座吊橋。這裡每逢春天，傳說由仙台藩主伊達政宗親手種植的「貞山櫻」都會綻放出美麗的花姿。

吊橋的上游是奇岩、巨岩等震撼人心的景觀，下游則是沉靜深淵的風景，鮮明對比，觀感豐富，這就是嚴美溪魅力之處。

需時 70 分鐘的周遊散策路線會來到長者瀧橋。

從長者瀧橋欣賞大自然雕刻而成的神秘溪谷，確實有感不枉此行。

由「一ノ關」駅前 9 號站站乘搭巴士往嚴美溪只須 20 分鐘，約每小時一班次。

② 猊鼻溪
～ 日本百景名勝

猊鼻溪是沿著北上川支流的砂鐵川延伸約2公里的溪谷，河岸上聳立著一座百米高的峭壁，還有各種奇岩、洞窟、瀑布等天然美景，於1925年被指定為國家史蹟名勝天然紀念物，是岩手縣內第一風景名勝，也被列為日本百景之一。猊鼻溪除了可以欣賞到新綠、紅葉和冬雪的景色外，5月中旬盛放的紫藤花亦是一大看點。想遊覽猊鼻溪的絕景，乘船是唯一的方式，全程需時90分鐘。一邊欣賞船夫以一根竹竿划船前行的奇技，一邊欣賞沿溪流如山水畫的景致，就是猊鼻溪吸引之處。

「猊鼻溪」駅是簡陋的無人當值車站。下車後向右方步行5分鐘就可到達猊鼻觀光中心。

左方是乘船的售票處，右方則是猊鼻觀光中心，內設有小賣部。

- 📍 岩手縣一關市東山町長坂町467
- 📞 +81-191-47-2341（猊鼻觀光中心）
- 🕐 4月至8月 8:30-16:30；
  9月至11月5日 8:30-16:00；
  11月6日至11月15日 8:30-15:30；
  11月16日至翌年3月 9:30-15:00
  （或有臨時更改）
- 🅒 年中無休
- 💲 成人 ¥1,800，小學生 ¥900，
  幼兒（3歲以上）¥200
- 🌐 http://www.geibikei.co.jp/
- 🚃 由JR「一ノ關」駅乘搭「大船渡線」，於「猊鼻溪」駅下車後徒步5分鐘，車程約35分鐘，車費 ¥510。

每艘船以往可容納36人，但在疫情下減至12人。

一出發眼前已盡是翠綠奇岩的溪谷風景，令人十分陶醉。

毘沙門窟是一個長約 30 米的石灰岩洞穴，內裡供奉著毘沙門天。這裡也是蝙蝠的棲息地。

高度 90 米的壯夫岩，雄偉地聳立著，是猊鼻溪的象徵。

壯夫岩對面的少婦岩，被認為像女性的側面。當船接近的時候，看起來像是依偎在壯夫岩而得名。

越過了少婦岩後，船夫會將船隻泊岸，遊客會有 20 分鐘散策時間，遊覽猊鼻溪的重要景點。

在上岸的位置看，左是少婦岩，右是壯夫岩，合稱夫婦岩。夫婦岩下的透澈河川中，有許多巨大的鯉魚游來又游去，猶如水墨畫般的景致，著迷了！

高聳的錦壁岩，在秋季時被紅楓裝點下非常壯麗。

猊鼻橋與屏風岩。

175

在攬勝丘對面是高 124 米的大猊鼻岩，何其壯觀。

獅子鼻岩是因其形狀像獅子的鼻子而得名，也就是猊鼻溪的命名由來，「猊」在古語有獅子之意。下方則稱為潛龍潭。

在攬勝丘上有售賣「蓮玉」的小攤子，不妨試試運氣，看看能否實現願望。每顆「蓮玉」都有一個字，包括有運、壽、福、緣、願、戀、愛、絆、裸、財共十種，每 ¥100 可挑選 5 顆符合自己願望的「蓮玉」，據説只要將它投進對岸的「許願洞」，便可實現願望。不論此舉是否真的能願望成真，但這小玩意已能為遊客增添樂趣。

乘船回程期間，也是船夫展現其歌聲的時候。在藍天綠蔭的溪谷之中，細聽著船夫吟唱「猊鼻追分」，餘音迴盪在雄偉的巨岩之間，更深深感受到水墨畫中的意境，完美了這段猊鼻溪的遊歷。

符さん助您安排行程：

　　雖然嚴美溪和猊鼻溪同樣是觀賞溪谷的自然景點，但前者是步行觀光，後者則是乘船遊覽，兩者感覺截然不同，各有特色，所以極力推薦同遊兩個景點。此外，「一ノ関」駅與「平泉」駅的距離只是 8 分鐘的 JR 車程，如亦打算遊覽平泉的景點，建議以兩日一夜遊覽兩地。

宮古

Miyako

淨土之濱 浄土ヶ浜

～絕景重生

位於宮古市郊外的淨土之濱，屬於三陸復興國立公園中的海岸，是岩手縣代表性景點之一，於 2012 年被指定為國家名勝。海岸林立著 5,200 萬年前形成的白色流紋岩，銳利而且氣勢磅礴，是淨土之濱的象徵。這裡還有翠綠的松樹和藍青的大海，構成一幅絕美的海岸風景畫。夏季的淨土之濱吸引著許多人前來享受海水浴，冬季的雪妝景象也格外優美。

天和年間 (1681-1683) 宮古山常安寺的一位僧人曾讚嘆這裡猶如極樂淨土，淨土之濱因而得名。

📍 岩手縣宮古市日立浜町 32 番地
📞 +81-193-62-2111
（宮古市產業振興部觀光課）
🌐 https://www.city.miyako.iwate.jp/kanko/jyoudogahama.html
🚌 (1) 由 JR「盛岡」駅乘搭「山田線」，於 JR「宮古」駅下車，車程約 2 小時 15 分鐘，車費 ¥1,980。(※ 班次疏落，敬請注意）
(2) 由 JR「盛岡」駅東口 7 號巴士站乘搭「盛岡－宮古 106 特急．急行」岩手縣北巴士，於「宮古駅前」下車，特急車程約 1 小時 40 分鐘 / 急行約 2 小時 15 分鐘，車費 ¥2,000。(※ 特急巴士全車預約制）
(3) 由 JR「宮古」駅前 3 號巴士站乘搭前往「淨土ヶ浜」岩手縣北巴士，於終點「奧淨土ヶ浜」下車，車程約 20 分鐘，車費 ¥230。
岩手縣北巴士網址：http://www.iwate-kenpokubus.co.jp/

從「奧淨土ヶ浜」巴士終點站下車後，絕景淨土之濱就在眼前。

淨土之濱 Rest House 的一樓售賣各式特產和手信，二樓是餐廳，旁邊還設有免費的展望台。

在 Rest House 展望台看到的景色，美得目不轉睛，怪不得被稱為「淨土ヶ浜」。

白色流紋岩構成的海灘非常美麗，海水也清澈見底，是「日本海灘 100 選」之一。

從淨土之濱沿岸邊漫步，感恩有藍天和美景的陪伴，極致享受。

人力車山崎屋，提供遊覽船碼頭至淨土之濱的路線，單程收費 ¥4,000，來回收費 ¥5,000。車夫聯絡電話：+81-90-7327-7098。

Marine House 有小食、小艇出租及「青之洞窟」小船巡航等服務，只在 3 月至 11 月營業。（※ 青之洞窟遊覽時間 20 分鐘，收費 ¥1,500。）

訪客中心內設有小型博物館，專門介紹三陸重建國家公園的訊息及周邊的自然生態等。

這是距離訪客中心只有 5 分鐘步程的館之崎展望所。可惜樹木太高，我又天生太矮，未能好好展望。

符さん提提您：

　　經營 58 年的淨土之濱遊覽船，因船隻已經老化，以及不敵新冠疫情影響下帶來的嚴重赤字，已於 2021 年 1 月結束營運。作為宮古市的重點觀光名勝設施，許多人都感到相當可惜，因此宮古市展開了「帶著微笑和希望重新出航」的全國眾籌項目，希望可以收集足夠捐款建造新船，並預計於 2022 年 7 月恢復航運。有關新遊覽船的航運路線、收費、出航時間等所有最新資料，請瀏覽有關網站。

符さん有感：

　　淨土之濱在 2011 年 3 月 11 日的海嘯中遭受重創，Rest House 曾被徹底摧毀。旅遊當日我由宮古駅前乘搭巴士開始，便全神貫注看著途經的建築物，並發現有不少是新落成的，想像得到當年的災禍有多大。在淨土之濱 Rest House 外，我看到牆身貼上災後的相片，清楚了解到當年的災情，很難過。走上展望台，眼看著面前的絕景，心在佩服當地市民不屈不撓的精神，災後的翌年便迅速恢復這裡的原貌，努力地重新出發。這次的遊歷，我參透了許多⋯。

2011‧3‧11

Rest House 二樓牆身的藍線，是海嘯造成水浸的最高位置。

我懷著一顆支援的心來到淨土之濱，祝願這裡的人往後都有安逸的生活。

符さん助您安排行程：

　　淨土之濱距離訪客中心步程只須 15 分鐘，兩處亦只差一個巴士站，遊覽路線簡單方便。雖然由盛岡出發前來淨土之濱需要 3 小時，但這裡的風景的確令人嘆為觀止，絕對值得一來。這裡還有一間淨土之濱 Park Hotel，可選擇留宿一天，細賞日出和日落的淨土之濱，說不定有更美好的回憶。

宮城縣 Miyagi

我 在東北六縣中，宮城縣的遊歷次數最多。日本三景之一的松島灣和神秘的御釜，是讓我感動的絕景。遊覽秋保大瀑布、鳴子峽和地獄谷遊步道，都能滿足非常熱愛大自然的我。在童真盡失的年紀，走訪過佈滿可愛的鳴子娃娃和遠刈田木芥子的景點後，心境頓時回復青春活潑。仙台的牛舌和松島的生蠔，都是宮城縣自豪的美食。仙台是東北六縣的交通樞紐，而且從東京來仙台也不用兩小時，這也是我經常來仙台的原因。

鳴子峽

交通

1 JR 東京駅 → JR 仙台駅
（東北新幹線，約1小時35分鐘，¥11,210(指定席)）

2 東京駅八重洲通 → 仙台駅前
（東北急行高速巴士，約5小時20分鐘，¥3,100 起）

3 新宿南口（バスタ新宿）→ 仙台駅東口
（JR 東北高速巴士，約5小時50分鐘，¥3,000 起）

4 仙台空港 → 仙台駅東口／西口
（Takeya 交通 Limousine 巴士，約35／45分鐘，¥660）

5 仙台空港駅 → JR 仙台駅
（仙台機場線，JR 東北本線，約25分鐘，¥660）

宮城縣觀光連盟🌐：https://www.miyagi-kankou.or.jp/

仙台
Sendai

作為東北地區最繁榮的城市，來到仙台怎能不購物。仙台駅前的中央通延伸至一番町，是東北最長的行人專用商店街。想買折扣貨品，三井 OUTLET PARK 仙台港及仙台泉 PREMIUM OUTLETS 一定能滿足到您。避免過度購物顯得虛榮，建議走訪日本三大名瀑之一的秋保大瀑布及秋保溫泉鄉，親近大自然可以洗滌心靈。仙台是伊達政宗的根據地，仙台城跡是遊客必訪的景點。仙台就是集購物、自然風光及歷史文化於一身的魅力城市。

🌐 仙台觀光情報：https://www.sentabi.jp/
宮城交通巴士：http://www.miyakou.co.jp/
仙台市交通局（市營巴士檢索）：
https://www.kotsu.city.sendai.jp/bus/index.html

「LOOPLE 仙台（るーぷる仙台）」觀光循環巴士

穿梭仙台市主要景點的「LOOPLE 仙台」觀光循環巴士，共有15個上落點。每天上午9時至下午4時之間，每隔15至20分鐘一班次，由仙台駅（西口16號巴士站）出發循環行駛，單程車費成人¥260，小童¥130。如打算暢遊多個景點，建議購買一日乘車券，除可節省車費外，憑券還可享用指定食店及景點入場的折扣優惠。此外，亦有「LOOPLE仙台・地下鐵」共通一日乘車券。

「LOOPLE 仙台」一日乘車券：成人¥630，小童¥320
「LOOPLE 仙台・地下鐵」共通一日乘車券：成人¥920，小童¥460
（※成人：中學生以上；小童：1歲以上）
購買地點：仙台駅西口巴士總站案內所及部分酒店設施
https://loople-sendai.jp/

在仙台城跡本丸遺址上，可展望仙台市的街景。

史跡 仙台城跡

① 仙台城跡
（青葉城址）

仙台城又稱為青葉城，於1601年由仙台藩初代藩主伊達政宗開始建造，翌年落成。在明治時代為止的 270 年間，仙台城一直是歷代藩主伊達氏的居所。經戰火的洗禮下，仙台城的建築物幾乎盡失，直到1997年開始進行本丸石牆修復工程及大廣間遺址等發掘調查後，其歷史價值不斷增加，並於 2003 年被指定為國家史蹟，成為旅客必訪的景點。

本丸遺址上建有的伊達政宗騎馬像，是仙台城跡的象徵。而青葉城資料展示館內，陳列著許多與伊達政宗相關的展品和文獻，可深入了解仙台城和伊達政宗的歷史事蹟。自 2021 年 7 月下旬開始導入了「仙台城 VR Go」體驗活動後，可以讓參加者看到 400 年前的仙台城的 360 度全景影像，非常有趣。

伊達政宗騎馬像是出自宮城縣雕刻家小室達 (1899-1953) 之手，最初於 1935 年製作，但在二戰期間被拆除，現在的銅像是在 1964 年使用保存的模具復原的。

位於本丸遺址的「仙台城見聞館」是能讓訪客了解仙台城的導覽設施。

📍 宮城縣仙台市青葉區川內1
📞 +81-22-214-8544（仙台市役所教育局文化財課）
🕐 24 小時（仙台城見聞館 9:00-17:00）
🅒 年中無休
💲 免費參觀
🌐 https://www.sentabi.jp/guidebook/attractions/78/
🚌 由 JR「仙台」駅西口乘搭「LOOPLE 仙台」巴士，於「仙台城跡」下車，車程約 23 分鐘，車費 ¥260。

青葉城資料展示館

📍 宮城県仙台市青葉区天守台青葉城址
📞 +81-22-222-0218
🕐 9:00-16:20；11月至3月 9:00-15:40
🄲 年中無休（有臨時休息）
💲 成人￥700，中學生￥500，小學生￥300
　　仙台城 VR Go 體驗：成人￥800，中學生￥600，小學生￥500
　　資料展示館＋仙台城 VR Go 套票： 成人￥1,300，中學生
　　￥1,000，小學生￥700
🌐 https://honmarukaikan.com/

乘搭「LOOPLE
仙台」巴士於「仙
台城跡」下車後，
沿石階而上便到
達本丸遺址。

位處仙台城跡旁的
宮城縣護國神社。

豎立在道路旁的紅色大鳥居，在繁華的街道中呈現出莊嚴的氣派。

國寶御社殿呈現了伊達文化華麗的建築風格。

② 大崎八幡宮
～日本國寶

由伊達政宗於 1607 年所建造的大崎八幡宮，是現存最古老之權現式神社，以全面塗漆、鮮艷色彩、裝飾金具來打造成璀璨奢華的桃山式建築，非常珍貴。大崎八幡宮於 1952 年被日本政府指定為國寶，而長床也被指定為國家重要文化財產。每年的 1 月 14 日，這裡都會舉辦逾 300 年歷史、全國最大規模的松焚祭，據說可保佑民眾全年闔家平安、無病無災，深得當地民眾信奉。

外觀甚為古老的「長床」，是國家重要文化財產。

📍 宮城縣仙台市青葉區八幡 4 丁目 6-1

📞 +81-22-234-3606

🕘 9:00-17:00

🅲 年中無休

🌐 https://www.oosaki-hachiman.or.jp/

📖 (1) 由 JR「仙台」駅西口 10 號・15 號巴士站乘搭前往「作並溫泉 (840 系統)・南吉成、国見ケ丘一丁目 (880 系統)」仙台市營巴士，於「大崎八幡宮前」下車後徒步 5 分鐘，車程約 15 分鐘，車費 ¥230。

(2) 由 JR「仙台」駅乘搭「仙山線」，於 JR「東北福祉大前」駅／JR「国見」駅下車後徒步約 15 分，車程約 12／15 分鐘，車費 ¥200。

(3) 由「仙台城跡」乘搭「LOOPLE 仙台」巴士，於「大崎八幡宮前」下車，車程約 20 分鐘，車費 ¥260。

在長床內有不少巨型繪馬，由一對黑白色的雞守護著。

一般人只能在東照宮的拜殿向神靈祈願。

3 仙台東照宮

東照宮是以德川家康作為神靈祭拜的神社，在全國各地共有100多座。仙台東照宮是由第二代藩主伊達忠宗於1654年所建造，它於1953年被日本政府指定為重要文化財產，當中以金箔裝飾成耀眼的「唐門」令人印象最深刻。東照宮每月的第四個星期日 (7:00-13:00) 都會舉辦古董市場，各攤販都是來自東北地區，氣氛熱鬧。

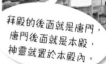

拜殿的後面就是唐門，唐門後面就是本殿，神靈就置於本殿內。

以花崗岩所造的鳥居建於1654年，是重要文化遺產，也是宮城縣最古老的鳥居。

📍 宮城県仙台市青葉区東照宮1丁目6-1

📞 +81-22-234-3247

🕐 8:30-17:00

🅲 年中無休

🌐 http://s-toshogu.jp/

📖 由JR「仙台」駅乘搭「仙山線」，於JR「東照宮」駅下車後徒步約3分鐘，車程約4分鐘，車費¥190。

4 三井 OUTLET PARK 仙台港

擁有逾 100 間品牌店舖、15 間食店餐廳及摩天輪設施的三井 OUTLET PARK 仙台港，為日本東北地區最大型的購物中心，是旅客前往仙台時必訪的地方。由仙台乘搭 JR 仙石線，只須 20 分鐘便可抵達 OUTLET 最近的「中野榮」駅，而且周邊亦有仙台海洋森林水族館設施，可安排同日遊覽，增添節目樂趣。

📍 宮城縣仙台市宮城野區中野 3-7-2
📞 +81-22-355-8800
🕐 店舖 10:00-20:00；餐廳 10:30-20:00

🅒 不定休
🌐 https://mitsui-shopping-park.com/mop/sendai/
📱 由 JR 仙石線「中野榮」駅徒步約 8 分鐘。

5 仙台海洋森林水族館

於 2015 年開幕的仙台海洋森林水族館，是東北地區最大規模的水族館。館內最大亮點是重現三陸海域的巨型水槽——「閃耀生命光芒之海」，十分壯觀。還有東北最具睇力的海豚和海獅的精彩表演，生動又有趣。而觀賞南海獅與企鵝們悠然散步，以及餵食體驗等活動，都能近距離接觸可愛的動物，讓人可度過歡樂的時光。

📍 宮崎縣仙台市宮城野區中野 4-6
📞 +81-22-355-2222
🕐 10:00-17:00（因應季節會有所變動）
🅒 年中無休
💰 成人 ¥2,200，中學生 ¥1,600，小學生 ¥1,100，4 歲以上幼兒 ¥600
🌐 http://www.uminomori.jp/umino/index.html
📱 由 JR 仙石線「中野榮」駅徒步約 15 分鐘。
　　※ 於「中野榮」駅前有每隔 30 分鐘一班次的免費穿梭巴士服務，車程約 10 分鐘。

❻ 仙台泉 PREMIUM OUTLETS

於 2008 年 10 月開幕的仙台泉 PREMIUM OUTLETS,位處仙台泉 Park Town 高級住宅區域,以美國東海岸地區風格而建,備有約 80 間國內外品牌的商店,規模雖然較少,但附近環境翠綠優雅,感覺舒適。由仙台駅前乘搭宮城交通巴士,約 35 分鐘便可抵達,交通便利。如是乘搭巴士往來仙台駅及仙台泉 PREMIUM OUTLETS,更可購買優惠車票。

📍 宮城県仙台市泉区寺岡 6-1-1

📞 +81-22-342-5310

🕙 10:00-20:00;1 月至 2 月 10:00-19:00(1 月的星期六、日及公眾假期 10:00-20:00)

📅 1 月 1 日及 2 月第三個星期四

🌐 https://www.premiumoutlets.co.jp/sendaiizumi/

🚌 由 JR「仙台」駅西口 2 號巴士站乘搭前往「泉パークタウン・宮城大学」宮城交通巴士,於「寺岡六丁目・泉アウトレット」下車後徒步 1 分鐘,車程約 35 分鐘,車費 ¥690。

※ 可於 JR 仙台駅西口巴士總站的宮城交通案内所,購買來回「仙台駅・仙台泉 PREMIUM OUTLETS」的優惠巴士車票(¥1,100)。

7 仙台
~ 東北購物天堂

作為東北地區最繁榮的城市，仙台可謂東北的購物天堂。在仙台駅內有各式各樣的大型商店、手信店和食店林立，從早到晚都熙來攘往，好不熱鬧。

距離仙台駅西口只有兩分鐘步程的中央通，更是東北地區最大型的行人專用商店街。由 HAPINA 名掛丁開始至 CLIS ROAD 及 Marble Road Ohmachi 商店街等，沿中央通延伸至一番町的有蓋行人專用商店街兩旁，佈滿著各大品牌的店鋪、百貨公司、藥妝店、遊戲機中心和食店餐廳等，是集結消閒娛樂、購物及飲食於一身的勝地。

8 仙台麵包超人兒童博物館

（仙台アンパンマンこどもミュージアム＆モール）

日本全國共有 5 間麵包超人博物館，分佈於橫濱、仙台、名古屋、神戶及福岡。仙台這間分館，距離仙台駅只有 10 分鐘步程，是非常便捷的親子景點。一樓的購物商場是免費入場的設施，包括有各式紀念品店、餐廳和理髮店。需要收費的設施集中在二樓，這裡可以讓小朋友在麵包超人的世界裡盡情玩樂，實現他們跟麵包超人見面的願望。

📍 宮城県仙台市宮城野区小田原山本丁 101-14

📞 +81-22-298-8855

🕙 10:00-17:00（因應季節會有所變動）

🅲 1月1日（有臨時休息）

💲 1歲以上 ¥2,000（1歲至小學生會獲贈入館紀念品）

🌐 https://www.sendai-anpanman.jp/

🚉 (1) 由 JR「仙台」駅東口徒步約 9 分鐘。
(2) 由地下鐵東西線「宮城野通」駅北 1 出口徒步約 7 分鐘。

❾ 秋保大瀑布（秋保大滝）

～ 日本三大名瀑

從名取川豐富的水量衝破凝灰岩傾瀉而下的秋保大瀑布，落差55米，寬度6米，為「日本瀑布100選」之一，更與栃木縣的華嚴瀑布、和歌山縣的那智瀑布並稱為日本三大名瀑，是國家指定風景名勝區。秋保大瀑布一年四季都有著不同絕妙的景色。初夏綠意盎然，令人身心舒暢；秋季紅葉絢麗，景色十分壯觀；寒冬瀑布冰封，形成獨特的景觀；春天積雪消融，水量充沛下氣勢更顯磅礴。

雖然由仙台駅乘搭巴士來秋保大瀑布需要個多小時，但周邊亦有開湯1,500年的秋保溫泉鄉，作為一天郊外遊也不錯呢！

📍 宮城県仙台市太白区秋保町馬場字大滝
📞 +81-22-398-2323（秋保溫泉鄉觀光案內所）
🕐 24小時
🌐 https://www.sentabi.jp/guidebook/attractions/116/
🚌 (1) 由JR「仙台」駅西口8號巴士站乘搭前往「秋保溫泉」的宮城交通巴士，於「秋保大滝」下車，車程約1小時15分鐘，車費¥1,150。（※只在星期六、日及公眾假期行駛）

(2) 由JR「仙台」駅乘搭「仙山線」，於JR「愛子」駅下車，車程約30分鐘，車費¥330。再於愛子駅前2號巴士站乘搭前往「秋保溫泉・二口方面線」仙台市營巴士，於「秋保大滝」下車，車程約40分鐘，車費¥770。

從巴士下車後，隨即到達秋保大瀑布的入口。

穿過石鳥居就來到秋保大滝不動尊（正式名稱：滝本山西光寺），據說這裡是祈求願望靈驗而聞名的寺廟。沿不動尊旁邊的石階而下，只須幾分鐘就到達展望台。

在群山環繞的展望台欣賞從高處傾瀉而下的瀑布，觀感尤其壯麗。

展望台旁邊的不動茶屋，
環境非常舒適，供應著小食、
咖啡及抹茶等。

如想進一步接近瀑布，可沿著不動茶屋旁的
山路往下走約 800 米，但要注意沿途
有些少陡峭的階梯路。

來到瀑布盆地，近距離
感受到大自然的魄力。

秋保溫泉鄉開湯已有 1,500 年，
在溫泉街附近的溪谷可欣賞到
各種奇岩美景。

遊覽完畢，別忘記到
停車場前的店舖逛逛，
這裡可品嘗手打蕎麥麵、
大滝名物大判燒等小食，
也有各式特產出售。

國營陸奧森林湖畔公園南口（正門）。

川崎町
Kawasaki Town

國營陸奧森林湖畔公園
（国営みちのくの湖畔公園）

宮城藏王三十六景之一的國營陸奧森林湖畔公園，位於藏王山麓下的釜房湖畔，是東北地區唯一一個充分利用豐富自然的國營公園。總面積達650公頃的公園內，劃分為南地區、北地區和里山地區三個區域，最精彩的是大花壇與花田裡綻放的四季絕美花海。其他設施如故鄉村、農家體驗、遊樂空間、划船等等，都是最佳的親子家庭活動。公園距離秋保溫泉鄉只須40分鐘車程，加上15歲以下人士免費入場，如果打算到秋保溫泉鄉，可考慮順道來此賞花或享受親子樂趣。

仙台駅前西口63號巴士站。

「彩之廣場」裡十萬朵鮮花以藏王連峰為背景，隨著不同季節綻放出繽紛的色彩。

宮城県川崎町小野二本松 53-9

+81-224-84-5991

9:30-17:00；7 月 1 日至 8 月 31 日 9:30-18:00；11 月 1 日至 2 月末 9:30-16:00

星期二及 12 月 28 日至 1 月 4 日
（※ 無休期間：4 月 1 日至 6 月第三個星期日、7 月第三個星期一至 10 月 31 日）

成人 ¥450，65 歲以上 ¥210，15 歲以下免費

http://www.michinoku-park.info/

由 JR「仙台」駅西口 63 號巴士站乘搭「秋保・川崎 仙台西部ライナー」Takeya 交通巴士，
於「みちのく公園」下車，車程約 75 分鐘，車費 ¥1,140。
※ 可在巴士內購買來回「仙台駅・みちのく公園」的優惠巴士車票 (¥2,120)。
Takeya 交通巴士時間表：http://www.takeyakoutu.jp/sendaiseiburaina.html

「水之廣場 (やすらぎの池)」裡種植了約 500 棵睡蓮，從水中升起綻放，富有神秘之美。池邊豐富色彩的花卉，也使人賞心悅目。

在「時之廣場」上，有 63 塊巨石形成了一個巨大的漩渦，漩渦的中心是一塊來自北海道留萌市的真正菊石化石，估計距今已有 6,500 萬年前。

躺在「湖畔廣場」的寬闊草坪上，可以享受放鬆的時光。

乘坐小艇和以繩紋設計為靈感的遊樂空間，都是很受小朋友歡迎的設施。

符さん助您安排行程：

(1) 三井 OUTLET PARK 仙台港及仙台海洋森林水族館最近的 JR「中野榮」駅，與 JR「松島海岸」駅均為 JR 仙石線的車站，可安排同日前往。

(2) 由 JR「仙台」駅西口乘搭前往國營陸奧森林湖畔公園的「秋保・川崎 仙台西部ライナー」Takeya 交通巴士，會途經秋保溫泉鄉。

公園內設有幾間小食店和餐廳，飲食方面都很方便。

松島
Matsushima

松島灣內外散落著約 260 個島嶼，景色美如畫卷，被列為日本三景之一，是國內國外享有盛譽的觀光地。乘坐觀光遊覽船穿梭在島嶼之間，細賞眼前的美景，是最受歡迎的節目。參觀國寶瑞巖寺、五大堂等社寺佛閣，可以了解到與伊達政宗相關的厚重歷史。作為松島嶄新地標的松島離宮，有著多采多姿的觀光設施。在松島最大型的海鮮市場內，是不能錯過品嘗生蠔和海鮮美食的機會。從仙台來松島車程只須 40 分鐘，交通這麼便利，實在難有不來的借口。

※ 日本三景：宮城縣的松島、京都府的天橋立和廣島縣的宮島。

 JR仙台駅 → JR松島海岸駅（JR仙石線・約40分鐘・¥420）

 松島觀光協會：https://www.matsushima-kanko.com/
松島町：https://www.town.miyagi-matsushima.lg.jp

松島離宮是松島的嶄新地標。

1 松島離宮

~ 全新觀光商業設施

於2020年10月開業的松島離宮，原址為開業88年的松島水族館，現在是全新打造的觀光商業設施。離宮內設有餐廳、商店、工藝品工作坊、博物館、旅遊資訊中心和單車出租服務等。位於天台的屋上展望區（天空のピクニック），可以一遍享受燒烤美食，一遍飽覽日本三大景色之一的松島灣美景。戶外的心形海水快樂池，是小朋友的戲水天地。離宮庭園內種植了楓樹、吉野櫻花樹和日本杜鵑花等，可以感受到四季變化的美景。餐廳、商店和資訊中心可自由進出，其他設施需要收費。

日本唯一的
「木造十角三重塔」
是松島離宮的象徵。

📍 宮城県宮城郡松島町松島浪打浜18
📞 +81-22-355-0330
🕐 8:00-22:00
🅲 年中無休
  離宮1 day Passport包括：離宮庭園、
  屋上展望「天空のピクニック」及離宮博物館
💲 離宮1 day Passport（9:00-15:59）收費：
  成人 ¥600，小學生 ¥300
  離宮1 day Passport（16:30-22:00）收費：
  成人 ¥1,000，小學生 ¥500
  離宮1 day Passport + 松島遊覽船：
  成人 ¥1,500，小學生 ¥700
  離宮1 day Passport + 木工體驗：
  成人 ¥2,000，小學生 ¥1,700，小學生以下 ¥1,500
  單車出租：每2小時收費 ¥600
🌐 https://rikyu-m.com/
🚃 由JR「松島海岸」駅徒步1分鐘。

♦ 館內常年舉辦宮城傳統工藝品木芥子的繪畫體驗活動，另外也有不定期舉辦的 竹筷子製作及玻璃噴沙等活動。

松島離宮主要有4間飲食店，
分別是茶屋、咖啡店、海鮮食堂
及海鮮燒烤店。

在松吟庵跡可見到很多岩窟。

松吟庵跡

坐禪堂。

② 雄島

步出 JR 松島海岸駅後向右方徒步約 6 分鐘，就到達松林密布的小島嶼——雄島。它過去曾是僧侶們的修行場，現在島上還保留著 50 餘個昔日僧侶冥想的岩窟和坐禪堂等遺跡。穿過朱紅色的渡月橋，沿著島上的步道悠閒地散步，可欣賞沿路的自然風景。渡月橋於 2011 年時曾遭受海嘯沖毀，現在的渡月橋是在 2013 年 7 月重建而成。

📍 宮城縣宮城郡松島町松島浪打浜 24
🕐 24 小時自由參觀
📖 由 JR「松島海岸」駅徒步 6 分鐘。

在島上可飽覽秀麗的自然景色。

渡月橋是雄島的象徵。

從觀瀾亭可眺望遠處的遊覽船碼頭及福浦島。

3 觀瀾亭

觀瀾亭原是豐臣秀吉位於伏見桃山城的休憩之所，及後賜予仙台初代藩主伊達政宗。第二代藩主伊達忠宗將它由江戶遷移到松島，觀瀾亭之名則由第五代藩主伊達吉村命名。位處月見崎的觀瀾亭，可展望松島灣絕佳的景色。於「御座之間」內，更可欣賞到被指定為國家重要文化財產的「障壁畫」。此外，這裡也附設茶居及松島博物館。

博物館內展示著伊達家的武器、配飾及書籍等實物。

📍 宮城縣宮城郡松島町松島町內 56
📞 +81-22-353-3355
🕐 8:30-17:00；11 月至 3 月 8:30-16:30
🅲 年中無休
💲 成人 ¥200，大學生 ¥150，小／中學生 ¥100
🚃 由 JR「松島海岸」駅徒步 6 分鐘。

4 松島灣觀光遊覽船

乘 坐觀光遊覽船近距離欣賞松島灣大大小小的島嶼及松林美景,是最能感受松島灣的魅力。松島海岸有幾間遊覽船公司,同時亦分別有多條觀光航道路線,但最受歡迎的是航程50分鐘的「仁王丸路線」。全長約17公里的觀光路線,巡遊松島灣著名的「鐘島」、「仁王島」、「陰田島」及「舟入島」等等多個獨特的島嶼,是唯獨乘坐遊覽船才能觀賞到的美麗風景。

松島巡迴觀光船公司 (松島島巡り観光船)

📍 宮城縣宮城郡松島町松島字町內85

🕐 9:00-16:00 (每小時一班次)

💲 「仁王丸路線」乘船費:成人 ¥1,500,小學生 ¥750;
　二樓特別室附加費:成人 ¥600,小學生 ¥300

🌐 https://www.matsushima.or.jp/

🚃 由 JR「松島海岸」駅徒步6分鐘。

📞 +81-22-354-2233

🅒 年中無休

> 售票處及乘船碼頭位於
> 觀瀾亭和五大堂之間。

5 五大堂

五大堂最初建於 807 年，1604 年由伊達正宗將其重建，為東北地區現存最古老桃山式建築的佛堂。堂內供奉著五大明王像，每隔 33 年才公開一次，而且每次僅開放 3 天，下次開放在 2039 年。由短短的透橋連接著的五大堂為松島象徵之一，即使不能看到神聖的五大明王像，但此處是欣賞松島灣景色的絕佳位置，是旅客必訪之地。

由於橋面木板的間隙較大，可以透視到橋下的波浪，所以被稱為「透橋」。

📍 宮城県宮城郡松島町松島町内 111
📞 +81-22-354-2023
🕐 8:30-17:00
🅲 年中無休
💲 免費參觀
🚇 由 JR「松島海岸」駅徒步 8 分鐘。

福浦島入口內可購買福浦橋通行券，這裡也設有觀景 Cafe。

6 福浦島

位於松島海岸以東的福浦島，面積約6公頃，島上自然生長著 300 多種植物，被指定為松島縣立自然公園。在島上可以在平緩的步道上散步約 30 分鐘，遊覽弁天堂、展望台和天神崎等景點。連接海岸和福浦島的朱紅色福浦橋全長 252 米，是遊客拍照的熱點。遊覽福浦島需要繳付福浦橋的通行費。

📍 宮城縣宮城郡松島町松島仙隨 39-1
📞 +81-22-354-3457
🕐 8:00-17:00；冬季至 16:30
🄲 年中無休
🆂 福浦橋通行費：成人 ¥200，小童 ¥100
🚃 由 JR「松島海岸」駅徒步 10 分鐘。

相傳越過福浦橋會有奇妙的邂逅，所以也被稱為「相會橋」。

從展望台可以近距離看到散佈在松島灣上大大小小的島嶼。

福浦島弁天堂。

7 伊達政宗歷史館

歷史館內透過25個不同階段及場景的展區，有超過200個真人大小的蠟像，生動地重現了伊達政宗的生平和歷史事蹟，讓人更深入了解這位舉足輕重的歷史人物。館內亦設有正宗盔甲的穿著體驗和宮城傳統工藝品木芥子的彩繪體驗等收費活動。

🔲 宮城県宮城郡松島町松島字普賢堂 13-13
📞 +81-22-354-4131
🕘 9:00-17:00
🆑 年中無休
💲 成人 ¥1,000，小 / 中學生 ¥500
🌐 https://www.date-masamune.jp/
💻 由 JR「松島海岸」駅徒步 10 分鐘。

⑧ 松島魚市場
（松島さかな市場）

位於伊達政宗歷史館旁邊的松島魚市場，是松島最大型的海鮮市場。市場樓高兩層，由擁有七艘大型漁船的漁業公司所經營，所以每天能提供著新鮮的漁獲海產。一樓的商店陳列著各類新鮮海產品外，也有供應最鮮味的壽司及海鮮丼。二樓設有容納120人的餐飲區，同時也可在此品嘗到大人氣的魚翅拉麵，以及選購各式山珍海味。

📍 宮城縣宮城郡松島町松島字普賢堂4-10
📞 +81-22-353-2318
🕐 平日 9:00-16:00（食店：1F～9:00-15:00、2F～10:00-15:00）；星期六、日及公眾假期 8:00-16:00（食店：1F～8:00-15:00、2F～9:00-15:00）
Ⓒ 年中無休
🌐 http://www.sakana-ichiba.co.jp/
🚉 由JR「松島海岸」駅徒步10分鐘。

燒蠔屋（焼がきハウス）

松島海岸附近一帶盛產生蠔，所以來松島吃蠔是很多旅客的指備節目。位於松島魚市場停車場的「燒蠔屋（焼がきハウス）」，一年四季都可以品嘗到熱騰騰的新鮮燒蠔。這裡以45分鐘時限的自助燒蠔放題最受歡迎（每位收費¥2,300），也有其他蠔定食任君選擇。燒蠔放題全年供應，但11月至3月的季節最為肥美。

瑞巖寺本堂內共有十個不同用途的間隔，每處均有著各種金碧輝煌的裝飾。

⑨ 瑞巖寺
~ 日本國寶

瑞巖寺的正式名稱為「松島青龍山瑞巖圓福禪寺」，是臨濟宗妙心寺派的禪宗寺院。據說最初的瑞巖寺是由慈覺大師於 828 年創建。 現在的瑞巖寺是在 1604 年由伊達政宗下令動工，從京都徵集了一流的工匠大師，並由熊野運來上等木材，歷時 5 年建造了這極盡華麗的寺院。本堂和庫裡充滿著桃山文化豪華的建築風格，並分別於 1953 年及 1959 年被日本政府指定為國寶。

📍 宮城縣宮城郡松島町松島町內 91

📞 +81-22-354-2023

🕐 4 月至 9 月 8:30-17:00；
1 月及 12 月 15:30 止；
2 月及 11 月 16:00 止；
3 月及 10 月 16:30 止

🅲 年中無休

💰 成人 ¥700，小 / 中學生 ¥400

🌐 https://zuiganji.or.jp/

🚃 由 JR「松島海岸」駅徒步 10 分鐘。

庫裡是禪宗寺院的廚房，外觀宏偉而內裝華麗。

青龍殿寶物館收藏著約 3 萬件與伊達家相關的展品。

本堂大悲亭原是光宗在江戶的納涼亭，其父忠宗為悼念愛子，遂將其解體並移至此處重建。大悲亭前方的心型池塘已有 350 年歷史，冬季池水結冰時襯托著大悲亭的景觀尤其優美。

10 圓通院
（円通院）

圓通院與國寶瑞巖寺同是臨濟宗妙心寺派的寺廟，院內環境幽靜莊嚴。為祀奉英年早逝的伊達光宗，其父即第二代藩主伊達忠宗於 1647 年創立了圓通院，是宮城縣最古老的靈屋建築，為國家重要的文化財產。

山門是一座宏偉而質樸的茅草屋頂藥醫門，與本堂一起被指定為松島町文化財產。

📍 宮城縣宮城郡松島町松島字町內 67
📞 +81-22-354-3206
🕐 9:00-15:30
🅒 年中無休
💲 成人 ¥300，小 / 中學生 ¥100
🌐 http://www.entuuin.or.jp/
📖 由 JR「松島海岸」駅徒步 5 分鐘。

供奉著伊達光宗的三慧殿。

11 西行折回之松公園

(西行戻しの松公園)
~松島著名賞櫻勝地

據說西行法師在雲遊諸國時來到此處，在大松樹下偶遇一名幼童，因當時就禪宗答問敗給了幼童，法師於是打消了前往松島的念頭而折返，公園因此而得名。

這裡種植了 260 棵櫻花樹，每逢春季從展望台可以欣賞到櫻花與松島灣相融一體的絕景。公園內的 le Roman 是松島極具人氣的觀景 Café，經常人流不絕。

📍 宮城県宮城郡松島町松島犬田 2

🚌 由 JR「松島海岸」駅乘搭的士約 1.5 公里，車程約 5 分鐘，車費約 ¥700。徒步則需時約 25 分鐘。

Café le Roman

受2011年發生的大地震影響，原址的Cafe Loin無奈地關閉。經歷4年7個月的努力，Cafe 以 le Roman之名於2015年10月再次重新營業。這間景觀絕佳的Cafe，能一邊品嘗法式甜點和咖啡，一邊飽覽松島灣美景，極致享受，所以經常座無虛席。

📞 +81-22-354-2778
🕐 11:00-17:00（櫻花季節10:00開始營業）
🅲 星期二
📘 https://ja-jp.facebook.com/cafeloin

松島展望台白衣觀音

距離Cafe le Roman只有幾分鐘步程的松島展望台白衣觀音，可以欣賞到融合了櫻花和松島灣的絕美景色，是松島的賞櫻名所。

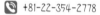

符さん助您安排行程：

松島大部分的景點距離車站不遠，徒步遊覽很方便。大家可選擇入住仙台的酒店，然後安排即日往返的行程。又或可在松島留宿一天，入住2008年開湯的太古天泉松島溫泉的旅館。如正值櫻花季節，請務必到西行折回之松公園的展望台賞櫻，花海襯托下的松島灣景色，會讓您感動。

藏王町
Zao Town

位 於宮城縣西南部藏王連峰東麓的藏王町，以御釜為最引以為傲的觀光景點。歷史長達 400 多年的遠刈田溫泉，擁有廣受歡迎的「神の湯」及「壽の湯」外，也有世界第一的藏王木芥子館，可以感受到傳統工藝文化的內涵。

 (1) JR 仙台駅 → JR 白石藏王駅
　　　（東北新幹線，約 13 分鐘，自由席 ¥1,650 ／指定席 ¥2,970）
　　(2) JR 仙台駅 → JR 白石駅
　　　（JR 東北本線，約 48 分鐘，¥770）

🌐 藏王町：https://www.town.zao.miyagi.jp/
　　宮城藏王觀光指南：https://www.miyagizao-navi.jp
　　宮城交通巴士：http://www.miyakou.co.jp/

御釜

藏王的御釜是被刈田岳、熊野岳及五色岳三座山峰環繞的圓形火山口湖，至今已爆發過 26 次，而最近一次爆發是在 1883 年。由於它的外型像一個釜鍋，所以被命名為御釜。直徑約 325 米、周長約 1 公里的御釜，湖水如綠寶石般碧綠，但也會因為陽光的強弱度呈現出不同的顏色，所以也被稱為「五色沼」。由於湖水帶強酸性，因此湖中是沒有任何生物。碧綠的湖面與粗糙的火山口壁形成了對比，使御釜有著一種神秘的氛圍。

由「白石藏王」駅前或「白石」駅前乘搭宮城交通巴士，約 1 小時 30 分鐘便可到達「藏王刈田山頂」終點站，展開遊覽御釜的旅程。

- 📍 宮城縣刈田郡蔵王町遠刈田温泉倉石岳国有地内国有林内
- 📞 +81-224-34-2725（蔵王町觀光案内所）
- 🅲 11 月上旬至 4 月下旬
- 🌐 http://www.zao-machi.com/31
- 🚌 由 JR「白石藏王」駅前／JR「白石」駅前乘搭前往「蔵王刈田山頂」宮城交通巴士，於終點站下車，車程約 94／86 分鐘，車費 ¥1,960／¥1,910。（※ 只在星期六、日及公眾假期行駛，而且冬季巴士服務暫停）。

由藏王刈田山頂終點站徒步約 5 分鐘，便能看到御釜的景色。御釜的左上方為熊野岳（標高 1840.5 米），右上方為五色岳（標高 1670 米）。

再向右方徒步 100 米，便是刈田岳山頂展望台。

站在刈田岳山頂（標高 1758 米）遠眺御釜，景色同樣壯觀。

山頂上有一座刈田嶺神社奧宮，
許多登山客都前來參拜。

如想近距離探索神秘的御釜，
可慢慢向下方前行，
但要注意沙石有點鬆滑。

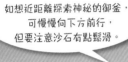

藍天、白雪和碧綠湖
水的融合，是令人
著迷的景色。

巴士終點站就在藏王山
頂 Rest House 前。這裡
設有洗手間、休息室及
餐廳。餐廳提供多款小
食、山菜烏冬、蕎麥麵
及藏王山頂名物炸豬扒
丼定食 (¥1,200) 等等。

符さん提提您：

　　遊覽以上景點，大約需要1小時。
由於新冠疫情的影響，這次來御釜的
時候，每日只有一班來回巴士，到達
之後約有90分鐘的遊覽時間，足夠細
味御釜的風景。

遠刈田溫泉

位於蔵王町的遠刈田溫泉,開湯已有400多年,由於泉水溫度偏高,被認為對足部和腰部疾病有療效,是自古以來備受注目的溫泉療養地,有不少溫泉旅館林立。位於溫泉商店街的中心,設有兩間充滿懷舊風情的共同浴場。作為遠刈田系傳統木芥子的發源地,遠刈田溫泉內有很多製作木芥子的工房外,也有一間展示超過5,500個來自全國各地的木芥子博物館,展品數量之多堪稱世界第一,是這個溫泉鄉的另一亮點。

📍 宮城縣刈田郡蔵王町遠刈田溫泉

🌐 遠刈田溫泉旅館組合網址:http://togatta.jp/

📖 (1) 由JR「仙台」駅前33號巴士站乘搭前往「村田町・蔵王町・遠刈田溫泉」高速巴士,於「遠刈田溫泉」下車,車程約62分鐘,車費¥1,250。

(2) 由JR「白石蔵王」駅前／JR「白石」駅前乘搭「白石遠刈田線」宮城交通巴士,於「遠刈田溫泉」下車,車程約50／40分鐘,車費¥1,000／¥960。

(3) 由「蔵王刈田山頂」乘搭前往「白石蔵王駅前」宮城交通巴士,於「遠刈田溫泉」下車,車程約50分鐘,車費¥1,060。

📍遠刈田溫泉街 2小時散策:

「遠刈田溫泉」巴士站 → 壽の湯 → 神の湯・足湯 → 刈田嶺神社 → 蔵王PATIO → 木芥子橋 → 宮城蔵王木芥子館 → 「遠刈田溫泉」巴士站

「遠刈田溫泉」巴士站位於蔵王通商店街。

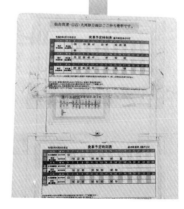

共同浴場 壽の湯

位於巴士站附近的「壽の湯」,與「神の湯」同為遠刈田温泉的名湯,其建築風格重現了江戶時代温泉小屋的氣氛。

📍 宮城県刈田郡蔵王町遠刈田温泉旭町 5-1
📞 +81-224-34-1990
🕐 6:00-10:00、16:00-20:00
💲 成人 ¥330,小學生以下 ¥110
🌐 http://toogattaspa.jp/
🚃 由「遠刈田温泉」巴士站徒步約1分鐘。

共同浴場 神の湯

同樣位處巴士站附近的「神の湯」,面積較「壽の湯」大一點,也是深受當地人和旅客喜愛的共同浴場。場外還有一個大型的免費足湯。

📍 宮城県刈田郡蔵王町遠刈田温泉仲町 32
📞 +81-224-34-1990
🕐 10:00-14:00、15:00-20:00
💲 成人 ¥330,小學生以下 ¥110
🌐 http://toogattaspa.jp/
🚃 由「遠刈田温泉」巴士站徒步約1分鐘。

神の湯外的足湯。

刈田領神社

在 神の湯旁邊有一座刈田領神社。刈田領神社有
藏王山頂的「奧宮」和遠刈田溫泉的「里宮」，
神體在夏季會移至奧宮，冬季則移到這裡。這是一
個細小而莊嚴的神社，令人感到心靈平靜。

📍 宮城縣刈田郡藏王町遠刈田溫泉仲町1
📞 +81-224-34-2620
🕐 24 小時
🚌 由「遠刈田溫泉」巴士站徒步約2分鐘。

距離神社5分鐘步程，就來到
2020 年落成的藏王 PATIO 咖啡店。
這裡也有幾家售賣飾物及
手工藝的攤販。

再向前步行2分鐘，就經過這刈田大
橋及木芥子橋，這裡可以觀賞藏王連
峰的景色。越過這道橋後，有不少木
芥子工房林立，而宮城藏王木芥子館
也位處於此。

宮城藏王木芥子館

（みやぎ蔵王こけし館）
～展品數量「世界第一」

館內 5,500 個作品都是根據
不同系別來劃分展區，
清晰易明，愈看愈感有趣味。

作為遠刈田系傳統木芥子發源地的遠刈田溫泉鄉，其木芥子的歷史被認為比鳴子溫泉鄉更悠久，也擁有許多大師級的工匠。遠刈田系的木芥子娃娃分為兩種類型。一種是華麗的、頭部相對較大，從頭頂和前額到全身都繪畫了紅色放射狀作裝飾；另一種是頭部繪上黑色沒有裝飾，體紋畫上層層疊疊的菊花或變化的菊花圖案，整體給人絢麗的印象。

於 1984 年 5 月開業的宮城藏王木芥子館，位於雄偉的藏王山麓下的清溪松川附近，周圍環繞著檫樹和山毛櫸林。展覽室展示著來自全國各地約 5,500 個傳統木芥子和木製玩具，展品數量是「世界第一」而聞名。館內還有工作坊、博物館商店及彩繪教室等，透過多功能的設施和傳遞方式，絕對能讓訪客更了解這傳統工藝的特色。

📍 宮城県刈田郡蔵王町遠刈田溫泉字新地西裏山 36-135
📞 +81-224-34-2385
🕘 9:00-17:00
🅒 12 月 29 日至 1 月 3 日
💰 成人 ¥300，小／中學生 ¥150
　　木芥子彩繪體驗：¥850（必須預約）
🌐 http://kokeshizao.com/
🚌 由「遠刈田溫泉」巴士站徒步約 10 分鐘。

這是工匠示範製作過程的實演場。訪客也可預約參與彩繪體驗活動，製作屬於自己獨一無二的木芥子。

商店出售各式各樣的作品，都是出自宮城名匠之手，實在相當精美。

最吸引我的是木芥子娃娃清酒，美得難以形容。

白 石 市
Shiroishi City

白石城櫻花

白石城又名益岡城或桝岡城,是位於白石市中心的平山城。這裡曾是仙台藩南部的要地,從關原之戰到明治維新的 260 多年來一直是伊達家的重臣片倉氏的世代居所。明治 7 年(1874 年)天皇下令廢城後被拆除,但為了紀念片倉小十郎景綱的偉大成就,於 1995 年根據史料以木造建築復原了三階櫓(天守閣)、大手一之門和大手二之門,並規劃成為市民公園。

白石城位處的益岡公園內,種植了約 230 棵櫻花樹,每年 4 月上旬至下旬舉辦的白石城櫻花祭,都擠滿了許多賞櫻的遊客。

📍 宮城縣白石市益岡町 1-16
📞 +81-224-24-3030
🕐 公園 24 小時;白石城 9:00-17:00、11 月至 3 月 9:00-16:00
🅲 白石城 12 月 28 日至 31 日休息
📧 公園免費;白石城 成人 ¥400,小/中學生 ¥200
🌐 http://www.shiro-f.jp/shiroishijo/
🚉 由 JR「白石」駅徒步約 15 分鐘。

符さん助您安排行程:

遠刈田溫泉鄉距離御釜只有 50 分鐘車程,遊覽御釜之後乘搭巴士回程時,可選擇在「遠刈田溫泉」下車作兩小時溫泉街散策,體驗傳統工藝的氣圍及享受名湯的樂趣。此外,如果正值賞櫻季節,不妨順道往白石城的益岡公園,欣賞櫻花漫天飛舞下的城堡絕景。

大崎市
Osaki City

鳴子溫泉鄉

位於宮城縣北部大崎市的鳴子溫泉、東鳴子溫泉、川渡溫泉、中山平溫泉及鬼首溫泉，被總稱為鳴子溫泉鄉。據說於 837 年因潟山大噴發後溫泉水湧現，便造就了這千年歷史、泉質豐富、源泉數量多而聞名的湯治溫泉勝地。當中以鳴子溫泉的面積最大，所以旅館最多，人氣也最強。

鳴子峽的新綠和紅葉的絕景，地獄谷遊步道的神秘景象，周邊散佈著非常吸引的觀光地。此外，鳴子娃娃（木偶）是鳴子引以為傲的傳統工藝品，在鳴子溫泉街上到處都可以看到它可愛的樣子。

---

(1) 由仙台駅前（青葉通 EDEN 前）24 號巴士站乘搭「仙台－鳴子」宮城交通高速巴士，於終點站「鳴子溫泉車湯」下車，車程約 85 分鐘，車費 ¥1,400。（※「鳴子溫泉車湯」距離 JR「鳴子溫泉」駅約 750 米，徒步約 15 分鐘。因新冠疫情影響，巴士班次縮減至每天一班，時間可瀏覽：http://www.miyakou.co.jp/bus/express/index.php。）

(2) 由 JR「仙台」駅乘搭「東北新幹線やまびこ」，於 JR「古川」駅下車，再轉乘「JR 陸羽東線」，於 JR「鳴子溫泉」駅下車，車程共約 1 小時 10 分鐘，車費 ¥3,720（指定席）／¥2,400（自由席）。

宮城県大崎市鳴子溫泉湯元

+81-229-83-3441（鳴子溫泉觀光案內所）

鳴子溫泉鄉觀光協會：http://www.naruko.gr.jp/
鳴子溫泉觀光協會：http://www.welcome-naruko.jp/

1 鳴子峽

～新綠和紅葉之勝地

鳴子峽是鳴子溫泉鄉中最具名氣的觀光地。因地殼隆起及大谷川長期的侵蝕下形成了大峽谷，溪谷深達 100 米，周圍遍佈奇岩怪石，由斷崖絕壁和溪流交織成壯麗的風光。被密茂的樹木覆蓋著的鳴子峽，新綠景色固然吸引，但秋季群山染紅的絕景更是縣內首屈一指的賞楓名所，因而被指定為宮城縣的風景名勝地。

要細賞這峽谷的美景，鳴子峽 Rest House 見晴台及鳴子峽遊步道是必遊的景點。遊步道入口位於 Rest House 前方的停車場側，每日在上午 9 時至下午 4 時開放，要注意 11 月下旬至 4 月下旬期間封閉，不能通行。

鳴子峽 Rest House 見晴台，可眺望大深澤橋和俯瞰峽谷的景色，是遊客拍照的熱點。

鳴子峽 Rest House （鳴子峽レストハウス）

- 宮城県大崎市鳴子溫泉星沼 13-5
- +81-229-87-2050
- 10:00-16:00（或有變更）
- 11 月下旬至 4 月上旬（或有臨時休息）
- 由 JR「鳴子溫泉」駅乘坐的士，於「鳴子峽レストハウス（鳴子峽 Rest House）」下車，車程約 4 公里，需時約 8 分鐘，車費約 ¥1,700。
  ※ 由 JR「鳴子溫泉」駅徒步約 1 小時。
  ※ 紅葉季節期間有臨時巴士「紅葉號」行駛：鳴子溫泉駅～日本こけし館～鳴子峽～しんとろの湯～中山平溫泉駅。時間可瀏覽：http://www.naruko.gr.jp/access/。

鳴子峽 Rest House 包含餐廳和售賣特產的商店，是一個稍作休息的好地方。

鳴子峽遊步道共有 340 級階梯，而且步道尚算平緩易行，來回全程只須 30 分鐘，暢遊峽谷相當輕鬆。

在遊步道盡頭的回顧橋，可昂首觀賞架於峽谷上的大深澤橋。

在回顧橋上細味峽谷美景，感覺有如被大自然環抱的幸福感。

② 日本木偶館
（日本こけし館）

鳴子系木偶的特徵是轉動頸部時會發出聲響，而體紋多以菊花圖案為主。作為全國產量最多的鳴子溫泉，現在仍有大約50名工匠繼續致力傳承這傳統工藝製作。位於鳴子公園內的日本木偶館，展示著來自東北六縣共11系別、約5,000個傳統木偶，還有工匠製作示範和彩繪體驗工作坊。

📍 宮城県大崎市鳴子溫泉字尿前 74-2

📞 +81-229-83-3600

🕐 4 月至 11 月 8:30-17:00；12 月 9:00-16:00

📅 1 月至 3 月

🎫 成人 ¥400，中學生 ¥160，小學生 ¥120
木偶彩繪體驗：¥1,100

🌐 http://www.kokesikan.com/

🚃 由 JR「鳴子溫泉」驛乘坐的士約 2.2 公里，需時約 5 分鐘，車費約 ¥900。※ 由 JR「鳴子溫泉」驛徒步約 30 分鐘。

從巴士下車後會看到地獄谷指示牌。

下車後徒步約 350 米便到達遊步道入口。

③ 地獄谷遊步道
～鬼首溫泉的秘境

鳴子峽是大人氣的名勝觀光地，而地獄谷遊步道則是鮮為人知的秘境。位於鬼首溫泉吹上澤的地獄谷遊步道，全長只有 500 米，卻有 10 多處大小不一的溫泉噴湧而出。遊步道上瀰漫著水蒸氣，儼如身在地獄一樣，讓人感受到大自然的威力。泉水大約為攝氏 80 至 90 度，所以步行時必須要小心，避免燙傷，尤其是小朋友和長者。每個溫泉噴出口都各有名稱，當中強勁噴發的「紫地獄」最具震撼力，遊客更可帶備雞蛋放在附近的「卵湯」中，只須 10 分鐘便可品嘗自家製的美味溫泉蛋。遊步道在冬季期間因積雪封閉，不能通行。

遊步道全長 500 米，遊覽時間約 30 分鐘。初段的 100 米，感覺環境翠綠清幽。

愈向前行，愈感覺步入了迷離境界中，心情一轉。

🔘 宮城県大崎市鳴子溫泉字鬼首地獄谷遊步道
🚌 由 JR「鳴子溫泉」駅前乘搭前往「田野原方向」大崎市營巴士，於「かんけつ泉前（間欠泉前）」下車，車程約 31 分鐘，車費 ¥400。大崎市營巴士時間表：http://www.naruko.gr.jp/file-timetable/townbus.pdf

曼荼羅地獄在翠綠青苔中冒出源源不絕的蒸氣，令人讚嘆大自然的能量。

紫地獄的噴發力十分強勁，是遊步道中最大的看點。

身在地獄感覺之中，卻又能看到絢麗的小花，豐富了視覺的享受。

這個雷之湯雖然細小，但位置適合放置雞蛋，旁邊還備有不銹鋼笊篱，不知是誰貼心之舉，實在值得稱許。

前往地獄谷遊步道，就在JR「鳴子溫泉」駅旁邊乘搭大崎市營巴士，每日約有5至6班車。要留意因應淡旺季之需要，可能安排小型車輛行駛。

225

4 鳴子溫泉街 1 小時散策

~ 尋找鳴子娃娃的蹤影

JR 鳴子溫泉駅 → 溫泉神社 → 巡遊溫泉回廊・手湯 → 鳴子郵便局 →
鳴子娃娃電話亭 → ほっとパーク・足湯 → JR 鳴子溫泉駅

JR 鳴子溫泉駅

雖然車站面積細小，但內外均有小型消閒設施，讓候車乘客可度過充實的時光。

> 車站兩旁設有「ぽっぽの足湯」，非常受歡迎。

> 車站內半圓形像體育場館的座位非常寬敞，面前的大電視播放著周邊旅遊設施的影片。

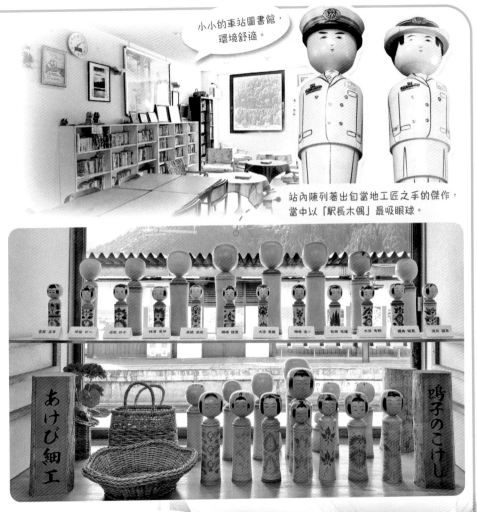

小小的車站圖書館，
環境舒適。

站內陳列著出自當地工匠之手的傑作，
當中以「駅長木偶」最吸眼球。

あけび細工　　　鳴子のこけし

一步出車站，已看到
鳴子娃娃的裝飾，
心情特別輕鬆愉快。

📍 延喜式內社　溫泉神社

從車站沿著湯之街通徒步約8分鐘，便到達這所祭祀溫泉的古神社。

📍 巡遊溫泉回廊·手湯 （湯めぐり回廊·手湯）

離開神社步回車站方向，到了早稻田湯通再轉右方，隨即到達巡遊溫泉回廊·手湯。回廊盡頭設有溫泉街唯一的手湯設施，暖暖雙手，再向前走，多樂趣。

📍 鳴子郵便局

再沿著早稻田湯通步行1分鐘，就已經看到超可愛的鳴子娃娃郵筒了！郵便局內還有多款鳴子娃娃的明信片出售。

鳴子娃娃電話亭

距離郵便局只有2分鐘步程，位於仲町通（鳴子綜合支所前）的電話亭，又是一個打卡熱點。

ほっとパーク・足湯

沿仲町通步回車站方向約5分鐘，在車站附近會見到這個小公園——ほっとパーク，園內設有足湯設施。

如果有點累，可以再享足湯消除疲勞。但我比較喜歡坐在「自然之窗」前喝咖啡，一邊休息、一邊欣賞眼前如畫一般的景色，很寫意。

符さん提提您：

以上觀光地為鄉郊地方，一般沒有的士停留。如乘坐的士前往景點，謹記與的士先生預約回程時間或取其電話號碼稍後聯絡。

符さん助您安排行程：

鳴子峽和地獄谷遊步道是不能錯過的景點，而鳴子溫泉鄉亦擁有過千年歷史，所以值得安排兩日一夜的遊覽行程。五個溫泉區當中，以鳴子溫泉的位置最方便，而且較多旅館供選擇，溫泉街也比較熱鬧。

山形
Yamagata縣

在東北地區之中，我最渴望遊覽的景點就在山形縣。
美得難以形容的樹冰奇景，以及藏王溫泉
大露天風呂的山谷秘湯，都是大自然恩賜的禮物。
銀山溫泉鄉充滿大正浪漫的情懷，
名氣超凡。遊走山寺，總有著一種
重新出發的神奇力量。順道走訪米沢
的東光釀酒廠，竟然喜出望外，
畢竟是東北地區最大級釀酒資料館，
喜愛清酒的朋友不容錯過。

交通

1. JR 東京駅 → JR 山形駅
   （山形新幹線，約 2 小時 45 分鐘，¥11,210（ 指定席 ））

2. 新宿南口（バスタ新宿） → 山形駅東口
   （JR 東北夜行高速巴士，約 6 小時 15 分鐘，¥5,900 起）

3. JR 仙台駅 → JR 山形駅
   （JR 仙山線，約 1 小時 20 分鐘，¥1,170）

4. 山形空港 → 山形駅東口
   （山形空港 Shuttle 巴士，約 35 分鐘，¥980）

山形縣公式觀光🌐：https://yamagatakanko.com/

山形市
Yamagata City

山形市是山形縣的核心城市，市內的觀光景點相當吸引。山形驛附近的霞城公園，是日本歷史古蹟和日本百名城之一，也是熱門的賞櫻勝地。近郊的山寺，是東北地區最有代表性的靈山。神秘的樹冰奇景、超人氣的滑雪場和大露天風呂的秘湯等，藏王的確魅力滿載。

🌐 山形市觀光協會：http://www.kankou.yamagata.yamagata.jp/
山交巴士：http://www.yamakobus.co.jp/

1 藏王溫泉

~開湯 1,900 年~

藏王溫泉位於山形市東南部藏王連峰西麓,相傳開湯已近1,900年,是山形縣最古老的溫泉。藏王溫泉的水量豐富,泉質是強酸性的硫磺泉,據說對心臟、便秘和糖尿病有功效外,亦以「美人之湯」而聞名。藏王溫泉街擁有眾多溫泉旅館、飲食餐廳和物產館外,也設有3個共同浴場、3個免費足湯和5間日歸溫泉設施。

作為縣內最大的溫泉度假勝地,周邊亦有許多著名的觀光景點,因此全年遊客絡繹不絕。壯觀的藏王連峰、神秘碧綠的御釜、絢麗的群山紅楓、巨大的滑雪場和藏王象徵的樹冰,一年四季裡都有著不同的吸引力。

- 📍 山形県山形市藏王溫泉
- 📞 +81-23-694-9328 (藏王溫泉觀光協會)
- 🌐 https://www.zao-spa.or.jp/
- 📖 (1) 由JR「山形」駅前 (東口)1號巴士站乘搭前往「藏王溫泉」山交巴士,於終點站「藏王溫泉バスターミナル」下車,車程約40分鐘,車費 ¥1,000。
  - (2) 由JR「仙台」駅前 (東口)76號巴士站乘搭前往「山形藏王」山交高速巴士,於終點站「藏王溫泉バスターミナル」下車,車程約1小時25分鐘,車費 ¥1,800。(※ 巴士是預約制,只在12月下旬至3月下旬行駛,詳情可瀏覽: http://www.yamakobus.co.jp/kousoku/se-yaza.html)

📍 藏王溫泉巴士總站 (藏王溫泉バスターミナル) 的外觀。

📍 藏王溫泉街的兩旁有餐廳、物產館、日歸溫泉設施和旅館林立。

📍 新左衛門之湯位處溫泉街的顯眼位置,是大人氣的日歸溫泉設施。

這裡共有三間共同浴場，分別是上湯、下湯和川原湯，入湯費成人只須￥200、小童￥100，開放時間為 6:00-22:00。

累了，享受免費足湯稍作休息也感樂趣。

餓了，吃串山形名物蒟蒻丸子（玉こんにゃく）品嘗地道風味。

藏王溫泉共有三款纜車，由不同公司營運，分別是藏王空中纜車(ZAO Sky Cable)、藏王中央纜車(ZAO CHUO Ropeway)及藏王纜車(ZAO Ropeway)。

雖然距離巴士總站步程只不過 20 分鐘，但要注意中段開始的上山路比較傾斜，會有點吃力。

2 藏王溫泉大露天風呂

樹木環抱的藏王溫泉大露天風呂，向來是藏王人氣高企的日歸溫泉地。置身在大自然的懷抱裡，聆聽著山澗潺潺水聲和野鳥的合奏曲，沉浸在治癒身心的硫磺泉中，完全能體驗山谷溫泉的氛圍與樂趣。

大露天風呂有毛巾出售，也有 ¥100 投幣式儲物櫃，但沒有沖身設施，洗手間設在入口外的停車場側。

📍 山形県山形市蔵王温泉 18

📞 +81-23-694-9417（藏王溫泉觀光株式會社）

🕐 每年 4 月中旬至 11 月中下旬 6:00-19:00
（疫下開放時間：9:30-17:00）

💴 成人 ¥600，小童（1 歲至 12 歲以下）¥350

🌐 http://www.jupeer-zao.com/roten/

🚇 由「藏王溫泉」巴士總站徒步約 18 分鐘

冬季因積雪關係，暫停營業。

從入口向下步行兩分鐘，就會到達售賣入湯券的櫃檯。

3 藏王樹冰

～奇妙的旅程

樹冰是指在高山上的針葉樹被大量的雪和冰所覆蓋而形成的自然景觀。來自西伯利亞的西北季候風遇上日本海的對馬暖流後，吸收了水蒸氣，便形成雪雲。這些雲層中含有大量在低於零度的環境中也不會凝結的過冷水滴，因接觸到樹木而凍結成如蝦尾狀般，之後再被雪覆蓋，現象不斷反覆後，便形成形狀獨特如怪獸的樹冰群，所以也被稱為雪怪（Snow Monster）。

在日本全國僅有東北地區可看到樹冰，如山形縣藏王、宮城縣藏王、秋田縣森吉山和青森縣八甲田山。當中藏王樹冰的規模為世界屈指可數，每年都吸引大量國內外的遊客前來欣賞這大自然的神秘奇景，而「藏王樹冰祭」的年度祭典活動更是矚目的盛事。樹冰觀賞期為一月至三月，而最盛期是在二月。如想近距離觀賞樹冰，最佳方法是乘搭「藏王纜車」，從藏王山麓駅出發，經樹冰高原駅到達地藏山頂駅，一座座震撼人心的樹冰就會呈現眼前。此外，在特定日子還會舉辦夜間打燈活動，色彩繽紛的樹冰景致與日間的銀白世界完全不一樣。遊客還能參加「樹冰幻想迴廊之旅」，乘坐雪地車欣賞添上色彩的樹冰姿態，又是另一番體驗。

藏王纜車
（蔵王ロープウェイ）

📍 山形県山形市蔵王温泉 229-3
📞 +81-23-694-9518
🕐 日間 8:30-17:00；夜間：17:00-21:00
Ⓒ 遇有惡劣天氣會臨時休息
💴 來回收費：成人（中學生以上）¥3,000，小童 ¥1,500
「樹冰幻想迴廊之旅」收費：成人 ¥4,500，小童（1歲至小學生）¥3,800
（※ 有關夜間打燈活動舉辦日期及詳情，請瀏覽官方網站。）
🌐 http://zaoropeway.co.jp/
🚌 由「蔵王温泉」巴士總站徒步約 5 分鐘。

三款纜車當中，藏王纜車 (ZAO Ropeway) 到達的位置最高，而且能觀賞樹冰，所以人流最多。

首先從標高 855 米的藏王山麓駅乘搭（山麓線）纜車到達樹冰高原駅，需時 7 分鐘。

標高 1,331 米的樹冰高原駅，在夏季的時候許多人從這裡出發，乘搭夏山吊椅展開一小時多的「IROHA 沼澤‧觀松平」遠足之旅。因散策路線輕鬆易行，又可欣賞到美麗的高山植物，所以大受歡迎。冬季則成為滑雪道外，在特定期間亦會在此出發進行「樹冰幻想迴廊之旅」的夜間活動。

由樹冰高原駅再乘（山頂線）纜車便可到達地藏山頂駅，需時 10 分鐘。期間開始觀賞到眼下樹冰的進化，逐漸變白、愈來愈白、完全雪白。壯觀的過程，震撼我心靈。

地藏山頂駅標高為 1,661 米。這裡是藏王自然植物園 (三寶荒神山)、
地藏山、熊野岳、刈田岳等登山路線的出發點,夏季登山客人來人往。
秋季也可觀賞艷麗的紅楓,冬季更是東北最受歡迎的滑雪場地。

山頂駅旁就是長 8 公里的樹冰原滑道的起點。穿梭樹冰之間滑雪,
能享受雙重樂趣,這就是藏王魅力之處。
藏王溫泉滑雪場網址:http://www.zao-ski.or.jp/

距離藏王山頂駅出口只有 100 米的藏王地藏尊，於 1775 年建造。過去 240 多年來，保佑著來訪人士無災無難。每年春秋兩季，這裡都會舉行一次祭禮，縣內縣外前來拜祭的人眾多。身高 2.34 米的藏王地藏尊，在冬季時會被積雪埋沒了大部分尊體。

在地藏山頂駅前的地藏山，佈滿著大大小小的樹冰，很多遊客都會登上山頂俯瞰風景。

以為好輕鬆，原來都吃力，因為坡度頗大，中途要稍作休息。

我當然不會錯過登頂的機會，但準備登山之前，我先來駅前的開運之鐘敲敲鐘，希望登山時可以輕輕鬆鬆。

期待觀看的樹冰就在身旁，
樂不可言。

走上較高位置，回頭向下望的樹冰愈美、愈壯觀。

終於登頂了，這就是標高 1,736 米的地藏山山頂。樹冰在我腳下的感覺，很奇妙。

241

山頂沒有樹，只有幾根木柱，所以形成了木柱冰。

4 山寺（寶珠山立石寺）

山寺入口寫著登山口，就由這裡開始要挑戰千級石階到奧之院，但只要輕裝一身，中途稍作休息，其實路程好輕鬆。

山寺是由慈覺大師圓仁於 860 年開山建造，全稱為「寶珠山立石寺」。在佈滿老杉樹與奇岩怪石的山上，散落著三十餘座大大小小的寺廟，是東北地區最有代表性的靈山，也被指定為國家名勝史蹟。從登山口到奧之院有 1,015 級石階，沿山拾級而上盡是美麗風景和古老佛堂，是佛教文化和自然風光融為一體的神聖景地。能享受寂靜氛圍和四季景致的山寺，全年都有許多遊客前來參拜遊覽，尤其秋季紅楓環山的時候最熱鬧。

📍 山形県山形市山寺 4456-1

📞 +81-23-695-2843（山門寺務所）

🕗 8:00-17:00

🅲 年中無休

💲 成人 ¥300，中學生 ¥200，小童（4 歲以上）¥100
寶物殿收費：成人 ¥200，小童（4 歲以上）¥100

🌐 https://www.rissyakuji.jp/

🚉 由 JR「山形」駅乘搭「奧羽本線」，於 JR「山寺」駅下車後徒步約 5 分鐘，車程約 20 分鐘，車費 ¥240。

根本中堂是山寺的本堂，據說是日本國內最古老的山毛櫸木造建築，獲指定為國家重要文化財產。

日枝神社在慈覺大師開山時，作為山寺守護神供奉釋迦、藥師及阿彌陀。直到明治時期改奉大山咋尊，每年五月十七日都會舉行山王日枝神社大祭。

1689 年，日本具代表性的俳句詩人松尾芭蕉和弟子曾良曾遊山寺，並在此吟詠過著名俳句而聞名於世，境內擺放著芭蕉曾良像以作紀念。

七百年前鎌倉時代建造的山門，
是登山的入口，由此登上奧之
院還有八百多級石階。

修行者之參道 (四寸道)
充滿嚴肅靜寂的氛圍。

於 1848 年重建的仁王門，是一道優美的欅木門，
門側安放了仁王尊像。

彌陀洞是經過多年風雨侵蝕
的岩壁上，打造了高達 4.8 米
的阿彌陀如來佛像，據說能
看到這座佛像會得到幸福。

通過仁王門便是山
內寺院群的位處。
到江戶時代為止，
還有十二座寺院供
眾多僧人修行，但
現存只有性相院、
金乘院、中性院和
華藏院四座寺院。

納經堂及開山堂以雄偉的群山為背景，是山寺最具代表性的景觀。建於巨大岩石上的赤紅色
納經堂，更是山寺內最古老的建築物，是縣內指定文化財產。開山堂則是供奉慈覺大師的寺
院，堂內安放著其木造尊像。

五大堂是供奉五大明王的道場。於斷崖絕壁上伸展出
有如能劇舞台的五大堂，是山寺最好的觀景台。

247

站在五大堂展望風景，可觀賞
到山寺和山下的田園風光。

如果有點累，可在山頂小賣店
選購紀念品及休息一會。

大佛殿內供奉著一尊高 5 米的
金色阿彌陀如來佛像。

建於山崖中的胎內堂及釋迦堂，因步道險峻，只能遠眺，不能參拜。

於 1872 年重建的奧之院，內裡安放著慈覺大師在中國修行時攜帶的釋迦如來大佛的本尊。

只不過花了半小時多，就來到大佛殿和奧之院前。據説步過最後這段石階到達奧之院，能讓煩惱消失並得到幸福。

5 霞城公園（山形城跡）

~賞櫻勝地

二之丸東大手門。

霞城公園位於山形市中心，是由山形城址改建的一所公園。現在園內的城郭是模仿第11代城主最上義光（1546-1614年）年代的模樣復原而成。於1986年，霞城公園被指定為日本歷史古蹟，2006年被認定為日本百名城之一。公園內種植有1,500棵櫻花樹，是山形市數一數二的賞櫻勝地。園內及周邊一帶還有山形市鄉土館、山形縣立博物館及山形美術館等觀光設施。

📍 山形縣山形市霞城町1－7
📞 +81-23-641-1212（山形市公園綠地課）
🕐 5:00-22:00；11月至3月5:30-22:00
🅲 年中無休
💰 免費
🚃 JR「山形」駅西口徒步約10分鐘。

本丸一文字門。

6 山形市鄉土館
（舊濟生館本館）

舊濟生館本館是於 1878 年由第一代山形縣長三島通庸作為縣立醫院而建造。這是明治時代初期模擬西洋建築的傑作，早於 1966 年被指定為國家重要文化財產。日本的工匠將西洋建築的風格和日本建築的風格結合在一起，是這座建築物的特徵。於 1969 年，它被遷移至霞城公園，現作為山形市鄉土館免費開放，館內展示著醫學資料和鄉土資料等。

📍 山形県山形市霞城町 1-1（霞城公園内）
📞 +81-23-644-0253
🕐 9:00-16:30
🄲 12月29日至1月3日
💰 免費
🚇 JR「山形」駅西口徒步約15分鐘。

251

7 山形縣立博物館

於 1971 年開館的山形縣立博物館，是綜合展示縣內種類繁多的動植物、考古、歷史及民俗資料等的博物館。

- 📍 山形縣山形市霞城町 1 - 8（霞城公園內）
- 📞 +81-23-645-1111
- 🕐 9:00-16:30
- 🅲 星期一（公眾假期則順延至翌日）及 12 月 28 日至 1 月 3 日
- 💰 成人 ¥300，學生 ¥150
- 🌐 http://www.yamagata-museum.jp/
- 🚇 JR「山形」駅西口徒步約 15 分鐘。

8 山形美術館

- 📍 山形縣山形市大手町 1 - 63
- 📞 +81-23-622-3090
- 🕐 10:00-17:00
- 🅲 星期一及 12 月 28 日至 1 月 3 日
- 💰 成人 ¥800，小 / 中學生 ¥200
- 🌐 http://www.yamagata-art-museum.or.jp/
- 🚇 JR「山形」駅東口徒步約 15 分鐘。

於 1964 年開館的美術館，以日本的東洋美術、山形鄉土淵源美術系列和近代法國美術三方面為收藏主軸，進行調查及研究，充實作品收藏，並策劃常設展覽外，同時亦會規劃各種企劃和巡迴展覽。

符さん助您安排行程：

由山形駅出發前往藏王溫泉只須 40 分鐘，所以一天時間已足夠享受日歸溫泉、觀賞樹冰或進行遠足活動。當然也可選擇留宿溫泉旅館，尤其喜歡滑雪的朋友，可以慢慢享受藏王溫泉的魅力。山寺是山形市的象徵性景點之一，遊覽山寺連交通時間只不過兩、三小時，絕對值得一遊。位於山形駅附近的霞城公園，作為一小時散步有益身心，如正值櫻花季節更是不能錯過。此外，也特別推薦參觀山形市鄉土館（舊濟生館本館）的和洋建築，愛好攝影的朋友一定能夠滿足。

尾花沢
(Obanazawa)

銀山溫泉

位於尾花沢市東部山區的銀山溫泉，是山形縣最有代表性的溫泉鄉。銀山溫泉源於江戶時代初期曾作為大型銀礦而繁榮的「延沢銀山」之名，因礦工發現源泉而成為溫泉勝地。建於大正末期樓高三至四層的木造旅館，沿著銀山川兩岸排列著，令這個溫泉小鎮充滿復古氣息。在傍晚時分，溫泉街上的懷舊煤氣燈點亮時，氣氛更顯浪漫。

銀山溫泉面積細小，只有十數間旅館，約半數提供日歸溫泉服務。沿著溫泉街兩旁約有十間店舖和免費足湯，溫泉街的盡頭繁接的銀山公園，短短 20 分鐘的瀑布散策路線沿途風光明媚。這裡也可品嚐油花細緻的尾花沢牛及以當地蕎麥粉製作的蕎麥麵等知名美食。銀山溫泉是能令人放慢腳步享受大正時代浪漫氛圍的溫泉鄉，國內國外皆享盛名。

📍 山形県尾花沢市銀山新畑
📞 +81-237-28-3933
（銀山溫泉觀光案內所）
🌐 http://www.ginzanonsen.jp/
🚌 由 JR「山形」駅乘搭「奧羽本線」，於 JR「大石田」駅下車，車程約 50 分鐘，車費 ¥680。再轉乘「銀山はながさ号」HANAGASA 巴士，於「銀山溫泉」下車，車程約 40 分鐘，車費 ¥720。HANAGASA 巴士時間表：http://www.hanagasa-bus-taisei.co.jp/base.html

253

在銀山溫泉的入口，會見到「l゛rasgayna（あいらすげーら）」大正浪漫和服租借服務的店舖。穿上和服在古色古香的小鎮上散步，感受大正浪漫的風情，是非常受女士歡迎的體驗活動。和服租借 60 分鐘收費 ¥2,000，延長每 30 分鐘 ¥500，租借一天（15:00 至翌日 11:00）收費 ¥3,000。◆

架在銀山川上的白銀橋。

免費的「和樂足湯」經過精心設計，享受足湯之餘，也可欣賞川流和古雅風景，因此大受歡迎。

位處溫泉街中央的「伊豆之華」，可一邊品嘗地道美食一邊欣賞窗外風景，是銀山溫泉的人氣食店。

誠意推介炸茄子蕎麥麵(￥1,320)，是伊豆之華人氣 No.1 的料理，真的非常美味。

白銀公園～瀑布散策路線：

穿過溫泉街，就是白銀公園的入口。可從這裡出發沿著步道漫遊賞景，感受大自然的氣息，有 20 分鐘瀑布路線和 60 分鐘銀礦洞路線等等。

就在散策路線的入口處，便是落差 22 米的白銀瀑布，能夠近距離觀賞瀑布的飛濺和呼吸清新的空氣，身心隨即煥然一新。

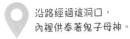 沿路經過這洞口，
內裡供奉著鬼子母神。

這個蝙蝠洞入口看起來很細小，但其
實後面的岩石之間有一個大空隙，對
蝙蝠來說是一個舒適的棲身地。

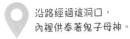 籟音瀑布的潺潺流水流入洗心峽之中，
演奏著大自然的曲目。

在清澈溪流上赤紅色的せことい橋，點綴綠意盎然的自然景致，有著優雅舒緩的氛圍。

前往銀山溫泉需於大石田駅前乘搭這古典色彩的「銀山はながさ号」巴士。

符さん提提您：

請注意：在白銀公園的遊步道經常有熊、猴子、羚羊、狐狸等野生動物出沒。

符さん助您安排行程：

銀山溫泉的範圍細小，只須兩、三小時便可遊畢全程。如下午才到達，不妨安排留宿溫泉旅館，感受夜幕下銀山溫泉的浪漫氣氛，尤其冬季的雪景風情更令人著迷。

米沢
(Yonezawa)

位於山形縣最南端的米沢市，曾於 400 年前作為上杉家的城下町而繁榮起來，即使現在市內到處都瀰漫著歷史的氣氛。提到米沢名物，米沢牛不但是東北地區之首，更獲評與松阪牛和神戶牛齊名，不能不吃。還有米沢拉麵亦是代表性美食。

🚄 JR 山形駅 → JR 米沢駅（山形新幹線，約 35 分鐘，¥1,950(指定席) / JR 奧羽本線，約 48 分鐘，¥860)

🌐 米沢觀光 Navi：https://yonezawa-kankou-navi.com/
米沢市循環巴士時間表：https://www.city.yonezawa.yamagata.jp/2559.html

(※ 一日乘車券：成人（中學生以上)¥520，小童 ¥260)

I 米沢城址 （松岬公園）

明治時期實施廢藩置縣政策後，米沢城於1873年被拆除，翌年作為松岬公園對外開放，現成為米沢最佳觀光景點之一。廣闊的公園內，隨處可見與上杉家有關的歷史建築物，如松岬神社、上杉神社和上杉紀念館（舊上杉伯爵邸）等。保存下來的護城河，沿岸種植了200棵櫻花樹，是知名的賞櫻名勝。秋天的時候，松岬公園的紅葉亦相當美麗。

松岬公園的護城河令人聯想起當年的米沢城，有著濃厚的歷史氣息。

📍 山形縣米沢市丸の內1
📞 +81-238-22-5111（米沢市觀光課）
🕐 24小時
🅲 年中無休
💲 免費
🌐 https://yamagatakanko.com/attractions/detail_2314.html
🚌 由JR「米沢」駅前（西口）乘搭「市街地循環路線（右回）」巴士，於「上杉神社前」下車，車程約9分鐘，車費￥210。

第九代米沢藩藩主上杉鷹山，是深受許多人敬仰的一代名君。

📍 公園內的松岬神社，是奉祀上杉鷹山等舉足輕重的人物。

② 上杉神社

於 1876 年建在米沢城本丸遺址的上杉神社，曾在 1919 年的米沢大火中燒毀，現存的神社是在 1923 年重建而成。作為奉祀日本戰國時代最強武將上杉謙信的神社，據稱能護佑開運招福、心願實現等，深受當地市民信奉。神社內的稽照殿，收藏了上杉家族遺物等眾多重要文化財產。每年二月的上杉雪燈籠祭及四月下旬的米沢上杉祭都在這裡舉行，非常熱鬧。

📍 山形県米沢市丸の内1丁目4－13

📞 +81-238-22-3189

🕐 6:00-17:00；11月至3月 7:00-17:00；稽照殿 9:30-16:00

🅒 年中無休；稽照殿11月下旬至3月中旬（雪燈籠祭期間照常開館）

💰 免費參拜；稽照殿 成人￥700，小/中學生￥300

🌐 https://www.uesugi-jinja.or.jp/

上杉神社的本殿。

稽照殿內展示了上杉家許多珍貴寶物。

本殿旁有一座赤紅色的福德稻荷神社，相當耀眼。

表參道兩旁的舞鶴橋上，有寫著「毘」和「龍」字樣的旗幟翻揚。「毘」代表上杉謙信對毘沙門天的信仰，「龍」則代表不動明王，是希望獲得兩大神靈護佑。

3 米沢城史苑

位於松岬神社旁的米沢城史苑，是結集購物和飲食的大型商場，重點是在熱門的旅遊區推介米沢的特色。樓高兩層的商場，一樓是售賣傳統工藝品、地道特產及各式手信等，商品琳瑯滿目。在二樓的餐廳裡，可品嘗當地菜餚美食，特別是使用米沢牛創作的料理，非常受歡迎。

📍 山形縣米沢市丸の内1丁目1-22
📞 +81-238-23-0700
🕙 10:00-17:00；
🍴 11:00-14:00、17:00-21:00
C 星期四
🌐 https://www.uesugijoshien.jp/

4 米沢市上杉博物館

米沢市上杉博物館設有常設展覽室及企劃展覽室，館內收藏了數千件歷代上杉家的珍貴文物及國寶，富有很高的歷史價值。常設展覽室透過影像、模型及射擊遊戲等體驗方式表達訊息，而上杉文華館則經常性展示國寶級文物。企劃展覽室約每兩個月更換展覽內容，主要展出上杉家和米沢藩相關的歷史資料及當地畫家的作品。

📍 山形縣米沢市丸の内1丁目2-1
📞 81+238-26-8001
🏛 9:00-17:00
C 5月至11月 每月第四個星期三；12月至3月 每逢星期一（公眾假期則順延至翌日）；12月27日至1月1日
💲 成人 ¥410、大學生 ¥210，小／中學生 ¥110
🌐 https://www.denkoku-no-mori.yonezawa.yamagata.jp/

5 上杉紀念館

（舊上杉伯爵邸）

位於米沢城二之丸遺址的上杉紀念館，是上杉家第14代後人茂憲伯爵作為官邸於1896年建造，別名稱為鶴鳴館。於1919年官邸在米沢大火中燒毀，現在的建築物是1925年重建的一座純日式豪宅，並於1997年被登錄為國家有形文化財產。官邸外之庭園是仿照東京著名庭園濱離宮而建造，擁有平靜而優雅的氛圍，免費讓公眾參觀。邸內則是經營茶室及鄉土料理店，可一邊欣賞庭園景致，一邊品嘗米沢的傳統味道。

📍 山形県米沢市丸の内 1-3-60
📞 +81-238-21-5121
🕐 庭園 24 小時自由參觀
🍴 鄉土料理店 11:00-21:00；茶室 11:00-14:00
Ⓒ 星期三
🌐 https://hakusyakutei.jp/

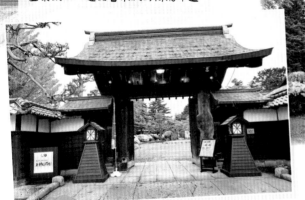

仿照東京濱離宮而建造的日式庭園，環境優雅舒適。

上杉紀念館 (舊上杉伯爵邸) 的入口。

在這座古老的豪宅內，品嘗傳統的地道美食，別具風味。

酒造資料館東光釀酒廠

~東北最大釀酒資料館

以「東光」這個品牌聞名的小嶋總本店創立於 1597年，至今經歷至第23代仍然持續釀造出香氣十足的美酒。酒造資料館東光釀酒廠建於1984年，是東北地區最大規模的釀酒資料館。為了能讓大眾參觀陸奧的釀造廠，將大型舊酒廠保留並展示公眾眼前。最精彩部分是由過去實際釀酒用的土窖改建而成的釀造倉，讓人彷彿穿越時空回到明治、大正時代酒窖的空間，別具風情。釀造倉也曾成為電影及知名化妝品廣告取景地而聞名。

📍 山形縣米沢市大町2丁目3-22

📞 +81-238-21-6601

🏛 9:00-16:30

🅒 12月31日至1月1日及1月至2月的每逢星期二

💲 成人 ¥350，中學生 ¥250，小學生 ¥150

🌐 https://www.sake-toko.co.jp/

🚊 由JR「米沢」駅前（西口）乘搭「市街地循環路線（右回）」巴士，於「大町一丁目」下車後徒步3分鐘，車程約7分鐘，車費 ¥210。

📍 入口處附近的石地板大廳，設有帳房和鋪著榻榻米的房間，展示著錢箱、電話、算盤及帳簿等昔日商家主屋的風貌。

這個東北地區最大的釀造倉，內裡復原了昔日釀酒的設備。

400 年前創業時所使用的釀造甕仍然保存下來，是資料館最具代表性的展品。

用於釀造清酒的六尺高大桶排列著，重現了明治和大正時代釀酒的情景，曾經是電影及商品廣告的取景地。

明治時代後期商家的廚房，展出的器皿全是當年使用的真品。

在銷售清酒和其他相關商品的區域，也提供著多種清酒的免費試飲。

參觀完釀酒廠，別忘記參觀旁邊的「上杉鷹山公展會場」，場內展示了許多上杉鷹山的寶貴資料。

符さん助您安排行程：

酒造資料館東光釀酒廠是東北最大級可參觀的資料館，讓人大開眼界，非常難得。如果選擇來米沢遊覽，建議順道一遊。由釀酒廠徒步往米沢城址只須8分鐘，非常方便。花上三至四小時，便可遊畢以上米沢的旅遊點。

上山市
Kaminoyama City

位於山形縣東南部的上山市，曾在江戶時代作為上山藩的城下町而繁榮，現在是山形縣甚有名氣的かみのやま溫泉鄉，同時也被稱為葡萄酒之鄉。車站附近的月岡公園，是能同時享受足湯和賞櫻的名所。

JR 山形駅 → JR かみのやま溫泉駅
（JR 奧羽本線，約 12 分鐘，¥240）

http://kaminoyama-spa.com/

月岡公園

位於上山市中心一座小山上的月岡公園，原址是上山城二之丸的遺址，於1982年重建天守閣後，這一帶被改造成市民公園。從月岡公園可俯瞰藏王連峰外，園內還有約80棵櫻花樹、免費足湯和月岡神社等。

月岡神社是祈求良緣的聖地。

📍 山形縣上山市元城內 50-3

📞 +81-23-672-1111（上山市觀光課）

🕐 24 小時

🌐 https://yamagatakanko.com/attractions/detail_417.html

📖 由 JR「かみのやま温泉」駅徒步約 15 分鐘。

一邊享受足湯，一邊觀賞名城與櫻花交織的美景，是當地人熱門的賞櫻地。

上山城

上山城最初建於 1535 年（別名月岡城），曾是歷代上山藩主的居所。於 1692 年被拆毀後，直到 1982 年於二之丸遺址上重建上山城天守閣，並作為鄉土歷史資料館，透過不同的展覽讓遊客了解上山的自然風土、文化、歷史、文物、溫泉及祭禮等特色。

📍 山形縣上山市元城內 3-7

📞 +81-23-673-3660

🕐 9:00-16:45

🚫 星期四（公眾假期則提前一天休息）
及 12 月 29 日至 31 日

💰 成人 ¥420，大學生 ¥370，小 / 中學生 ¥50

🌐 http://kaminoyama-castle.info/

相隔 290 年再現的天守閣，現作為鄉土歷史資料館，介紹上山市的歷史和各種特色。

符さん助您安排行程：

由山形駅乘搭「JR 奧羽本線」前往かみのやま溫泉駅只須 12 分鐘，如正值櫻花盛開季節，值得前往月岡公園賞櫻，並可考慮入住溫泉旅館。前往米沢亦是乘搭「JR 奧羽本線」，又可考慮米沢與上山同日遊覽。

福島縣
Fukushima

　　僅次於北海道和岩手縣，福島縣的面積是全國第三大。會津若松是福島縣最具代表性的觀光城市，市內的鶴城、飯盛山及螺旋堂等都值得遊覽。南會津的大內宿，濃濃的江戶情懷令人留戀。大自然花了100萬年雕刻而成的塔の崥，以及五色沼的夢幻神秘之美，都是我非常喜愛的天然景觀。

　　提到福島縣，許多人都會卻步。其實311大地震的重災區都遠離我去遊覽的地方，加上我選擇在交通便利的會津若松留宿，避免在夜間因地震而困在山間，所以都感到安全及安心。

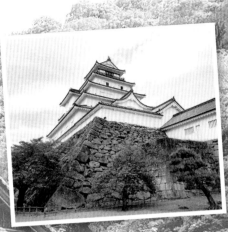

交通

1 JR 東京駅 → JR 福島駅
（東北新幹線・約 1 小時 35 分鐘・¥9,110(指定席)）

2 JR 東京駅 → JR 郡山駅 → JR 會津若松駅
（東北新幹線 (指定席)、JR 磐越西線・約 3 小時・¥9,440）

3 東京駅八重洲南口 → 郡山駅前／福島駅東口
（JR 東北夜行高速巴士・約 4 小時 50 分鐘／6 小時 10 分鐘・
3,500 起／¥4,200 起）

4 新宿南口（バスタ新宿）→ 郡山駅前／福島駅東口
（JR 東北高速巴士・約 4 小時 10 分鐘／5 小時・4,300 起／¥5,000 起）

5 新宿南口（バスタ新宿）→ 若松駅前巴士總站
（JR・會津高速巴士・約 4 小時 20 分鐘・¥4,900）

福島縣觀光情報🌐：https://www.tif.ne.jp/

JR 會津若松駅。

會津
若松

♀ Aizuwakamatsu

會津若松是福島縣的旅遊重點城市，市內保留著許多歷史古蹟。位於市中心的鶴城，擁有國內唯一一座現存的紅瓦頂天守閣，備受矚目。飯盛山上的一段白虎隊的悲壯歷史事蹟，讓人動容。螺旋堂是世界上唯一一座雙重螺旋結構的佛堂，二百多年前已有如此獨特的建築實在不可思議。悠閒地散步在七日町通的歷史老街，可忘卻塵囂，享受輕鬆的時光。

(1) JR 福島駅 → JR 郡山駅 → JR 會津若松駅
（JR 東北本線、JR 磐越西線，約 2 小時 15 分鐘，¥1,980）

(2) JR 郡山駅 → JR 會津若松駅
（JR 磐越西線，約 1 小時 15 分鐘，¥1,170）

(3) 福島駅東口 → 若松駅前巴士總站
（會津高速巴士，約 1 小時 30 分鐘，¥1,800）

(4) 郡山駅前 → 若松駅前巴士總站
（會津高速巴士，約 1 小時 10 分鐘，¥1,200）

🌐 會津若松觀光情報：https://www.aizukanko.com/
會津巴士：https://www.aizubus.com/

鄉土玩具紅牛是會津的名物，在市內隨處可見。

272

Machinaka 周遊巴士
（まちなか周遊バス）

周遊巴士行駛的路線超過 30 多個上落點，包括市內的主要觀光景點，分為「Haikara-san（ハイカラさん）」及「Akabe（あかべぇ）」兩種行駛相反方向的巴士，由會津若松駅廣場 4 號巴士站出發，約每隔 30 分鐘一班次。單程車費成人 ¥210，小童 ¥110。持有一日乘車券，部分景點的入場費可享有折扣優惠。

🎫 一日乘車券：成人（中學生以上）¥600，小童 ¥300
購買地點：會津巴士駅前案內所、若松駅前巴士總站及部分景點
🌐 https://www.aizubus.com/rosen/machinaka-shuyu

① 鶴城（鶴ヶ城）

～ 東北之名城

鶴城是會津若松市的象徵，正式名稱為若松城，是東北地區的名城，也是日本百名城之一。

鶴城的前身是由蘆名直盛於 1384 年所建的東黑川館。於 1593 年，由當時會津藩主蒲生氏鄉將其改建成七層高的天守閣，並命名為鶴城。於 1611 年發生大地震，令天守閣的石垣倒塌。其後在 1639 年，由藩主加藤明成修建成五層高的天守閣。1868 年爆發了戊辰戰爭，當時鶴城因曾經抵住了近一個月之久的炮火攻擊，被譽為「難攻不落之名城」而聞名。不過於 1874 年，受當時政府之命而被拆毀。直到 1965 年天守閣獲重建，並在 2011 年更新了紅色瓦頂，重現了揚名天下的名城英姿，是國內唯一一座現存的紅瓦頂天守閣。

現在的天守閣內裡作為鄉土資料博物館，向來訪者介紹會津的歷史和文化。置身頂層的展望台，會津城下町的風光一覽無遺，而且還可遠眺磐梯山的壯麗景色。

📍 福島縣会津若松市追手町 1-1
📞 +81-242-27-4005
🕐 8:30-17:00
Ⓒ 年中無休
💲 天守閣入場費：成人 ¥410、小童 ¥150
　　天守閣・茶室麟閣共通券 ¥520
🌐 http://www.tsurugajo.com/
📖 由 JR「会津若松」駅前廣場 4 號巴士站乘搭「Haikara-san（ハイカラさん）」周遊巴士，於「鶴ヶ城入口」下車後徒步 5 分鐘，車程約 20 分鐘。

剛踏進若松城跡，已看到歷代鶴城城主標誌的展板，充滿著強烈的歷史氛圍。

美麗的石垣與護城河構成既優美又雄偉的景觀。

鶴城的入口。

頂層的展望台，可欣賞到會津城下町的風貌和磐梯山的景色。

2 會津武家屋敷

會津武家屋敷是以江戶時代的會津藩重要家臣西鄉賴母的復原宅邸為重點設施，還有旁邊同為福島縣重要文化財產的舊中畑陣屋、茶室和藩米精米所等建築物，構成大型的歷史博物館。館內不設有會津歷史資料館、物產館、餐廳和小紅牛、不倒翁等彩繪體驗活動。參觀武家屋敷可以詳盡了解日本武士的文化和會津若松的歷史。

📍 福島県会津若松市東山町石山院内1
📞 +81-242-28-2525
🕐 8:30-17:00；12月至3月 9:00-16:30
🅲 年中無休
💰 成人 ¥850、中學生 ¥550、小學生 ¥450
🌐 http://bukeyashiki.com/
📖 由JR「会津若松」駅前乘搭「Akabe（あかべえ）」周遊巴士，於「会津武家屋敷前」下車，車程約11分鐘。

西鄉賴母的家老屋敷是一座十分雄偉的木造武家屋敷。

每間房間內都以蠟像和當時的陳設來展現昔日的生活和歷史場景。

屋敷體現了江戶時代中期的和式建築特色，共有38間不同用途的房間。

會津歷史資料館內收藏了江戶時代上級武士的武器及物品，根據每年的主題展出有價值的材料。

已有 200 年歷史的藩米精米所，是透過水力來滾動的碾米設備。

建於 1837 年的舊中畑陣屋，為東北僅存的代官所，是福島縣指定重要文化財產。

3 飯盛山

飯盛山是位於會津若松市東側的一座標高
314 米的小山，這裡有著一段白虎隊烈士
的悲壯歷史而廣為人知，現在山上設立了白虎
隊十九烈士之墓，每年有許多人前來參拜，香
火鼎盛。山上還有宇賀神堂、嚴島神社、白虎
隊紀念館及世界罕見的螺旋堂等史蹟名勝。登
上飯盛山需要踏上183級石階，但可以利用收
費的自動扶手電梯輕鬆上山，然後慢慢向下坡
路散步，參觀沿途的建築物及風景。

- 📍 福島縣會津若松市飯盛 1-5-1
- 📞 +81-242-22-9586
- 🕐 8:00-17:00；11月21日至 3月20日：9:00-16:00
- 🅲 年中無休
- 💲 成人 ¥250，小學生 ¥150
- 🌐 http://www.iimoriyama.jp/iimori.html
- 🚌 由JR「会津若松」駅前乘搭「Akabe（あかべえ）」周遊巴士，於「飯盛山下」下車後徒步2分鐘，車程約4分鐘。

登山入口旁可見扶手電梯售票處。

飯盛山參道兩旁，有多間手信店舖。

山上的步道兩旁樹木茂密，氣氛嚴肅，
畢竟這裡有著一段可悲可泣的歷史故事。

在螺旋堂附近的嚴島神社，建於永
德年間 (1381 年至 1383 年)，歷
史相當悠久。

宇賀神堂建於寬文年間 (1661 年至 1672 年)，於
1890 年在神堂內擺放了白虎隊十九烈士的靈像。

當年白虎隊 20 名隊員就是逃到這裡看
到鶴城失火，決定集體以身殉國。

4 白虎隊紀念館

白虎隊是由343名16歲至17歲的會津少年組成的後備軍。於1868年幕末期間，舊幕府與新政府軍爆發了戊辰戰爭，白虎隊亦要投入戰事。因不敵新政府軍的攻勢，當中白虎中二隊的20人被迫撤退逃到飯盛山上，但看到鶴城被煙火籠罩，以為會津藩已經戰敗，於是集體切腹自殺。20人當中只有飯沼貞吉被救活，19名少年的生命就在飯盛山上終結。這段白虎隊的歷史事蹟，是來自飯沼貞吉及另一白虎隊員酒井峰治。

為了向後人傳述戊辰戰爭中，白虎隊等會津藩的悲劇歷史，已故的早川喜代次律師於1956年就在飯盛山下創建了白虎隊紀念館。館內收藏了超過一萬二千件白虎隊及與戊辰戰爭有關的展品及各種史料。

📍 福島縣会津若松市一箕町大字八幡字弁天下33
📞 +81-242-24-9170
🕐 9:00-16:00
📅 星期二（公眾假期照常開館）
💲 成人 ¥400，小／中學生 ¥200
🌐 http://www.byakkokinen.com/
🚌 由JR「会津若松」駅前乘搭「Akabe（あかべぇ）」周遊巴士，於「飯盛山下」下車後徒步2分鐘，車程約4分鐘。

5 螺旋堂（会津さざえ堂）

～世界的唯一

建於 1796 年的螺旋堂，高 16.5 米，是一座呈六角形的三層閣樓狀的佛堂。正式名稱為圓通三匝堂。據說昔日飯盛山上有一座正宗寺，螺旋堂就是正宗寺的住持郁堂大師所設計。螺旋堂是世界上唯一一座雙重螺旋結構的佛堂，堂內分為兩條旋轉的上、下通道，使向上行和向下行的人不會在佛堂內相遇，構造非常獨特。螺旋堂於 1995 年被指定為國家重要文化財產，於 2016 年被認定為日本遺產。

螺旋堂的雙重螺旋構造在世界上極為罕有，
在建築史上有特殊地位。

📍 福島県会津若松市一箕町八幡滝沢 155
📞 +81-242-22-3163
🕐 8:15 至日落；12 月至 3 月 9:00-16:00
Ⓒ 年中無休
💲 成人 ¥400，大學生 ¥300，小 / 中學生 ¥200
🌐 http://www.sazaedo.jp/
🚌 由 JR「会津若松」駅前乘搭「Akabe（あかべ
え）」周遊巴士，於「飯盛山下」下車後徒步 5
分鐘，車程約 4 分鐘。

堂內分為兩條旋轉的上、下通道，上落不會相遇，
可以在安全的環境下供多名信奉者同時參拜。

281

⬡6 東山溫泉

（會津巴士）東山溫泉駅。

距離會津若松市中心約10分鐘車程的東山溫泉，據說大約在1,300年前由知名僧侶行基所發現，江戶時期曾作為會津藩的溫泉療養地而繁榮，現發展成為會津若松擁有富饒而美麗的大自然溫泉勝地。東山溫泉現約有17間溫泉旅館經營，因周邊有許多富歷史意義的觀光景點，令這擁有歷史風情的溫泉勝地亦同樣受歡迎。

📍 福島縣会津若松市東山町大字湯本
📞 +81-242-27-7051（東山溫泉觀光協會）
🌐 https://www.aizu-higashiyama.com/
🚌 由 JR「会津若松」駅前乘搭「Akabe（あかべぇ）」周遊巴士，於「東山溫泉駅」下車，車程約15分鐘。

7 七日町通

位於JR七日町駅出口的七日町通一帶，保留著很多大正時代的歷史建築物。由古老的倉庫改建成傳統工藝品、雜貨、地酒、餐飲等各式店舖，營造出充滿懷舊風情的城下町特色商店街。既可以感受大正時代浪漫的氛圍，也可選購手信和品嚐傳統美食。

📍 福島県会津若松市七日町通り

📞 +81-242-23-9611（七日町觀光案內所）

🌐 https://www.nanukamachi.com/

🚃 (1) 由JR「会津若松」駅乘搭「只見線」，於JR「七日町」駅下車，車程約3分鐘，車費¥150。

(2) 由JR「会津若松」駅前乘搭「Haikara-san（ハイカラさん）」周遊巴士，於「七日町中央／七日町駅前」下車，車程約5至10分鐘。

8 七日町駅 Café

於 JR七日町駅內的駅 Café，特別之處是除可品嘗咖啡茶點之外，也是銷售會津特產的商店。在浪漫氣氛的七日町通散步後，乘搭 JR 回程前走進駅 Café，品嘗一杯由磐梯山優質的伏流水所沖調的咖啡，再選購特色手工紀念品，悠閒地度過了完美的一天。

- 📍 福島県会津若松市七日町 5-1
- 📞 +81-242-39-3880
- 🕘 9:00-18:00
- 🅲 1月1日
- 🌐 https://www.aizukanko.com/gourmet/18
- 🚌 (1) 由 JR「会津若松」駅乘搭「只見線」，於 JR「七日町」駅下車，車程約 3 分鐘，車費 ¥150。
  (2) 由 JR「会津若松」駅前乘搭「Haikara-san（ハイカラさん）」周遊巴士，於「七日町駅前」下車，車程約 10 分鐘。

JR 七日町駅。

符さん助您安排行程：

　　會津若松的旅遊點相距不遠，而且乘搭周遊巴士均可抵達，所以花一天時間足以遊畢以上的景點。

南會津

📍 Minamiaizu

新観光名所福島三十番

大內宿

~福島縣 首屈一指的觀光地

大內宿是在江戶時代（1603年-1867年）作為連接會津與日光的會津西街道（又稱為下野街道）的驛站而繁榮起來的知名宿場。沿著街道的兩旁，整齊地排列著數十間茅草屋頂的房屋，昔日非常熱鬧。隨著交通網絡的發展，會津西街道被其他交通道路所取代，大內宿亦因此被遺落在山間部落。然而，時至今日這裡仍能保留了江戶時代的街容市貌，繼續經營著民宿、食店、工房及特產店鋪等，濃濃的古樸風情長年吸引許多人來造訪，是福島縣首屈一指的觀光地。

於1981年4月，大內宿被指定為國家重要傳統建築群保存地區。

從「大內宿入口」巴士站徒步3分鐘，便來到古色古香的會津西街道。

蕎麥麵是大內宿的代表美食，因此在街道兩旁林立的食店當中，最多的是蕎麥麵店。

📍 福島県南会津郡下郷町大内山本
📞 +81-241-68-3611（大內宿觀光協會）
🕐 一般 9:00-16:00（各店有異）
Ⓒ 部分店鋪冬季休息
🌐 http://ouchi-juku.com/
🚌 由「会津若松」駅乘搭「AIZU マウントエクスプレス（会津鉄道会津線）」，於「湯野上温泉」駅下車，車程約37分鐘，車費 ¥1,050。再轉乘「猿游号」巴士，於「大內宿入口」下車後徒步3分鐘，車程約20分鐘，一日乘車券 ¥1,100。「猿游号」巴士時間表：http://www.aizutetsudo.jp/ticket/

三澤屋是大內宿的人氣食店，
以大蔥蕎麥麵最受歡迎。

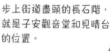

步上街道盡頭的長石階，
就是子安觀音堂和見晴台
的位置。

山田屋售賣下鄉町各式特產和紀念品。

淨土宗正法寺有著
一份莊嚴的氣派。

位於會津西街道中央的大內宿町並展示館，前
身是江戶時期只供官員留宿的地方，現作為收
費的展覽設施，展出昔日的生活用具和風俗習
慣等資料。成人收費￥250，小童￥150。

叶屋的手造小擺設及裝飾
品非常可愛和精緻。

子安觀音堂是供奉守護安產及小孩健康成長的觀音菩薩。

見晴台所在的山丘稱為湯殿山。站在見晴台展望的是大內宿的絕景，是完全能感受江戶時代的古樸風情。

大內宿的民家為了能保存這裡的風貌，以及能將家屋世代相傳，所以制定了住民憲章：不出售、不租借及不破壞，並且致力修葺傳統的茅草屋頂，將有關技術傳承予後代。

前往大內宿，必須在湯野上溫泉駅前乘搭「猿游号」巴士，於「大內宿入口」下車，每日有 6 班次。要留意因應淡旺季之需要，可能安排小型車輛行駛。

湯野上溫泉駅
～日本的唯一

湯野上溫泉駅是日本唯一擁有茅草屋頂的車站。

 駅內設有小商店和圖書櫃,還有正在燒著柴火的日式地爐,充滿懷舊氛圍,別具特色。

駅前的免費「親子地藏足湯」,是乘車前的特備節目。雙足浸浸湯,舒筋又健康。

符さん有感:

　　大內宿是我在福島縣最喜愛的景點。這裡的古茅屋群齊整排列猶如風景畫,太美麗。散步在會津西街道上,完全能感受純樸的江戶情懷,太濃厚。巡遊各式店舖,與親切的店員、村民交談,太友善。作為福島縣的代表性景點,大內宿實在是太完美。

塔の嵲（塔のへつり）
~ 福島三十景

由「塔のへつり」駅徒步至塔の嵲入口只須5分鐘。

「嵲」是會津的方言，意指河川上的斷崖峭壁。

塔の嵲位於南會津東部的大川的一處溪谷，經歷百萬年歲月河流的沖洗、風雨的侵蝕風化，沿川流的岩石形成了一個一個像塔形狀的自然景觀，是大川之中最大最美的溪谷，被指定為國家天然紀念物外，也是「新觀光名所福島三十景」之一。在塔の嵲可以欣賞四季不同的景色，尤其是初夏的紫藤花和秋季的紅葉襯托著白色塔岩的景致，是令人驚嘆的自然佳作。

福島県南会津郡下郷町弥五馬字下夕林

+81-241-69-1144（下郷町觀光協會）

冬季期間因積雪關係，吊橋不能通行

http://www.town.shimogo.fukushima.jp/

由「会津若松」駅乘搭「AIZU マウントエクスプレス（会津鉄道会津線）」，於「塔のへつり」駅下車後徒步約5分鐘，車程約43分鐘，車費 ¥1,150。

（※ 由「湯野上温泉」駅出發則需時5分鐘，車費 ¥270。）

架在大川(又稱阿賀川)上的藤見橋。

藤見橋的對岸就是多個壯觀的塔岩,而每個塔岩都有名字。

穿過藤見橋之後，需要繞過險峻的路才能來到對岸的岩石上。

伸出大川的土俵岩，是這裡被命名的岩石中最細小的。

位於舞台岩上的虛空藏菩薩。

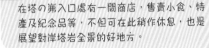

在塔の㟁入口處有一間商店，售賣小食、特產及紀念品等，不但可在此稍作休息，也是展望對岸塔岩全景的好地方。

符さん提提您：

「塔のへつり」駅是一個無人當值的簡陋車站，位處樹林之中，要注意經常有熊出没。

符さん助您安排行程：

前往福島縣旅遊，大內宿是不能不去的景點。雖然會津鐵道會津線的列車班次比較疏落，但「湯野上溫泉」駅與「塔のへつり」駅只相差一個車站，約5分鐘車程，也是值得同日遊覽塔の㟁。由會津若松出發前往大內宿約一小時多，可以安排即日往返，也可留宿於湯野上溫泉的旅館或大內宿的民宿。

猪苗代 磐梯

📍 Inawashiro・Bandai

於 1899 年創駅的 JR 猪苗代駅。

位 於福島縣中央的猪苗代和磐梯，繼會津若松後也是很受歡迎的觀光地。猪苗代湖作為日本第四大湖泊，是福島縣象徵之一，冬季時成為天鵝及野鳥的棲息地而聞名。猪苗代出身的野口英世，是世界上受到尊崇的名人。多次榮獲世界啤酒大獎的猪苗代地啤，是當地自豪的名物。磐梯高原的五色沼，湖水神秘夢幻地變化，讓視覺極盡享受。

 JR會津若松駅 → JR猪苗代駅（JR磐越西線，約30分鐘，¥510）

 猪苗代觀光協會：https://www.bandaisan.or.jp/
磐梯東都巴士：https://www.totobus.co.jp/bandai/

1 野口英世 紀念館

野口英世於 1876 年出生於福島縣耶麻郡三和村的一個貧窮農家，因一生成就卓越，於 2004 年成為了日本一千円紙幣上的人物。

一歲半時的野口英世被火嚴重燒傷，左手殘障長達十數年，直到 16 歲的時候得到接受手術的機會，手指回復活動能力，並啟發他立志從醫貢獻世人。二十歲那年，野口英世前往東京考取醫師資格後，曾在東京及橫濱工作，也從事細菌學研究。1900 年至 1918 年間，他曾前往美國及丹麥，進行蛇毒及細菌學研究，因拯救了許多人們的性命而受到各國讚揚，還獲提名角逐諾貝爾醫學獎。為研究黃熱病，野口英世最後的十年時間都留在中南美和非洲。於 1928 年，他不幸也因感染黃熱病而在西非逝世，享年 51 歲。

最初的野口英世紀念館於 1939 年開館，現在的展館是在 2015 年改裝擴建後重新開幕。館中展示野口英世的生平和成就，另有細菌研究等體驗展區，以及他自小居住的家屋也成為展覽館。

- -

📍 福島縣耶麻郡猪苗代町大字三ツ和字前田 81
📞 +81-242-85-7867
🕐 9:00-17:30；11 月至 3 月 9:00-16:30
🅲 12 月 29 日至 1 月 3 日
💰 成人 (15 歲以上)¥800、小 / 中學生 ¥400
🌐 https://www.noguchihideyo.or.jp/
📖 由 JR「猪苗代」駅乘搭前往「金の橋・会津レクリエーション公園」磐梯東都巴士，於「野口英世紀念館前」下車，車程約 7 分鐘，車費 ¥300。

這裡名為「博士的研究室」，只要按下按鈕，野口博士機械人會生動地分享他的研究心得和生活點滴。

野口英世紀念館的外觀。

這個展區名為「博士研究的一天」，以漫畫來描述他在美國洛克菲勒醫學研究所每天進行研究工作的日程。

這個展區重現了野口博士和瑪莉夫人作為度假的紐約別墅的情景。

建於 1823 年野口博士成長的家屋，已被登錄為有形文化財產。故居內的陳設可了解他和家人當年生活的境況。

這是野口博士歲半時受爐火嚴重熨傷的情景。

2 世界之玻璃館

（世界のガラス館）

位於野口英世紀念館對面，有一座名為世界之玻璃館，是日本最大規模的玻璃展館。樓高兩層的建築物，集結了來自世界各地約25,000 件玻璃製品，有生活用品、吊飾及擺設等等，種類繁多，目不暇給。另外亦設有體驗工房，可參與玻璃雕刻及吹製玻璃等體驗活動，部分需要事前預約。

📍 福島縣耶麻郡豬苗代町大字三和字村東85番地
📞 +81-242-63-0100
🕐 9:30-17:00（或因季節有所變更）
🅲 年中無休
💲 入場：免費參觀
　　體驗活動：¥1,100 至 ¥4,950
🌐 http://www.world-glassware.com/
🚶 位於野口英世紀念館對面，徒步只須3分鐘。

③ 猪苗代地啤館

（猪苗代地ビール館）

位於世界之玻璃館隔鄰的建築物，一樓是售賣特產和紀念品的猪苗代菓子館，二樓則是猪苗代地啤館。

受惠於磐梯山的名水，以及採用來自德國的小麥和大麥粉釀造的多款猪苗代優質地啤，曾獲得多個國際啤酒大獎的殊榮，是猪苗代的名物。地啤館的餐廳內，不但可以品嘗各款獲獎地啤，還可享用以德國食材烹調的美食，更可欣賞磐梯山的美景。

📍 福島県耶麻郡猪苗代町大字三ツ和字村東 85
📞 +81-242-63-2177
🕙 10:00-16:00（隨時有變更）
🅲 不定休
🐦 https://twitter.com/17846beer
🌐 http://inawashiro.jibeer.com/
📖 位於野口英世紀念館對面，徒步只須 3 分鐘。

餐廳面積寬敞，內裝感覺舒適。

晴天的時候，從餐廳可以展望磐梯山的絕景。

品嘗了 17846 五款獲獎啤酒（每杯 150 毫升），配以德國美味香腸，回味無窮。（啤酒 ¥1,250，香腸 ¥1,000）

一樓是猪苗代菓子館，售賣當地各式特產和紀念品。

4 猪苗代湖

猪苗代湖是日本第四大湖泊，因水質清澈，透明度很高，湖面能清晰地倒映了磐梯山的英姿，所以也被稱為「天鏡湖」。猪苗代湖是珍貴的候鳥生態區，冬天從北面西伯利亞遠道而來過冬的天鵝和野鴨，成千上萬聚集在湖畔，畫面既生動又壯觀，也令猪苗代湖贏得天鵝湖的美名。

乘坐遊覽船欣賞猪苗代湖的美景是最適合不過。營運超過60年的「磐梯觀光船」，最盛時期每年多達10萬名乘客，但因不敵新冠疫情的嚴重影響，無奈於2020年4月停航，並在6月申請破產。遊覽船作為猪苗代町的象徵，停業的消息令人感到相當可惜。於是當地的有心人努力籌集資金力求復航，最終成立了「猪苗代觀光船」新公司，令「天鵝船」和「烏龜船」於2021年10月29日得以復活，重新出航。

-- **猪苗代觀光船**

- 📍 福島県耶麻郡猪苗代町大字翁沢長浜870
- 📞 +81-242-72-1370
- 🕙 10:00、13:00、15:00（只在星期五、六、日及公眾假期出航）
- Ⓒ 星期一至星期四（冬季時星期五也休息）（隨時有變更，請瀏覽網站）
- 💲 成人 ¥1,500、小學生 ¥750（翁島路線：船程35分鐘）
- 🌐 https://i-kankousen.co.jp/
- 🚌 由JR「猪苗代」駅乘搭前往「金の橋・会津レクリエーション公園」磐梯東都巴士，於「長浜」下車，車程約10分鐘，車費 ¥460。（※ 由「野口英世記念館前」上車則需時約3分鐘，車費 ¥250。）

毘沙門沼是「五色沼自然探勝路」的起點。

起步點有警告牌提醒
遊客：熊出沒注意！

這是「五色沼入口」巴士站。下車後，徒步5分鐘便到達毘沙門沼。

⑤ 五色沼

五色沼是由磐梯山火山活動而形成的沼澤，是磐梯高原最有人氣的觀光名勝。全長3.6公里的「五色沼自然探勝路」非常受歡迎，以面積最大的毘沙門沼出發，經過赤沼、深泥沼、龍沼、弁天沼、琉璃沼、青沼及柳沼，只須一小時多便可遊畢全程。由於礦物質和酸鹼度的差異，每一個湖沼都會隨著季節的不同、天氣的不同、時間的不同而呈現出不同的神秘色彩，極具吸引。

遊畢自然探勝路，可到附近的裏磐梯高原駅乘巴士返回豬苗代駅，需時約40分鐘，車費￥910。

📍 福島縣耶麻郡北塩原村大字檜原字湯平山
📞 +81-241-32-2850（裏磐梯訪客中心）
🌐 裏磐梯訪客中心：http://www.urabandai-vc.jp/
🚌 由JR「豬苗代」駅乘搭前往「裏磐梯高原駅」磐梯東都巴士，於「五色沼入口」下車，車程約33分鐘，車費￥790。

巴士站旁的裏磐梯訪客中心，有許多關於五色沼及裏磐梯其他景點的觀光資訊。

毘沙門沼附近有物產館和餐廳。

由會津若松乘搭 JR 到豬苗代駅，只不過需時 30 分鐘，所以可安排即日往返遊覽以上景點。早上先到五色沼自然探勝路屢運，中午再去乘坐「天鵝船」或「烏龜船」暢遊豬苗代湖，下午前往豬苗代地啤館品嚐美酒佳餚後，再遊世界之玻璃館和野口英世紀念館。完美。

符さん有感:

　　兩次來到豬苗代和磐梯，天氣都很差，好像跟這裡無緣份一樣。特別是五色沼，如果天色陰暗便失去色彩，多可惜。唯一欣慰的是，「天鵝船」和「烏龜船」得以重生，團結就是力量。我有一份期盼，他日可在天朗氣清下，再度重遊豬苗代和磐梯，看清這裡的風景。

日本東北 符さん日・記

作　　者：符さん
版面設計：Liz Hung
出　　版：朝日文化出版社有限公司
　　　　　GLORY JAPAN PUBLISHING LIMITED
地　　址：香港葵涌和宜合道 109 號長榮工業大廈 6 樓
電　　郵：info@gloryjapan.com.hk
發　　行：同德書報有限公司
印　　刷：高科技印刷集團有限公司
國際書號：978-988-76410-0-1
版　　次：2022 年 6 月 (第一版)
定　　價：港幣 $118

香港出版　Published & Printed in Hong Kong